1인 창업
실행이 답이다

The real business start-up

부의시작
창업실행 노하우

성공의 법칙
5인 5색 스토리

누군가의 꿈이 되고, 롤모델이 된다는 것

무언가 이루고, 결과물을 남겨서 시작을 두려워하는 사람들에게 도움을 주고자 뜻을 모아 시작한 공저가, 꽤 오랜 시간이 지난 후에 이렇게 빛을 보게 되네요.

누군가의 꿈이 되고, 롤모델이 된다는 것은 행복하기도 하고, 책임감에 어깨가 무거워지기도 합니다. 최근에 '사업실패로 4억을 빚진 여자, 그럼에도 불구하고'라는 블로그 포스팅을 보고 연락을 받았습니다. 학원을 운영하다가 코로나로 원생이 줄어들어 사업장을 정리해야 하는데, 정리하면 1억 정도의 빚이 남는데 막막하다고 하더군요.

제가 사업하다가 날린 투자비 4억에 비하면 1억은 적은 돈이지만, 평범한 서민에게는 무겁게 짓누르는 큰돈입니다. 저에게 어떻게 4억을 빚진 상황에서 멘탈을 부여잡고, 동기부여를 하고, 위기를 극복했는지 질문을 하셨답니다. 전화로 자세하게 상담을 해드리고, 사업장이 어떤 방향으로 정리가 되는지에 따라서 솔루션이 달라지니 다시 연락을 주기로 하셨습니다. 코로나19로 많은 사람들이 사업에 어려움을 겪고 있고, 벼랑 끝에 내몰려 있습니다. 그분들께 이 책이 조금이나마 도움이 되기를 간절히 바랍니다. 지금의 위치에서 새로 시작하는 방법을, 다시 희망을 써 내려가면서 1년 뒤, 2년 뒤 성공해서 누군가의 꿈이 되고 롤모델이 되었음 합니다.

이 책을 함께 집필한 5명의 작가들은 모두 위기를 극복하고, 지식창업으로 수익을 창출하며 다른 분들의 비즈니스를 컨설팅 해주는 분들이십니다. 최대한 자세히 노하우를 책 속에 글로 풀어내긴 했지만, 독자분들이 느끼기에 부족한 면이 있을 수 있습니다. 궁금하신 점이 있으시면 언제든 연락해주세요. 내가 가진 경험과 지식으로 다른 사람을 돕는 메신저의 삶을 살아가는 분들입니다.

모든 것은 마인드에 달려 있습니다. 성공자의 마인드, 부자의 마인드를 장착하고 자신이 정말로 하고 싶은 일에 도전해 보십시오. 물론 포기하고 싶은 날도 있고, 오만가지 생각이 머릿속에서 떠나지 않는 복잡한 날도 있겠지만, 묵묵히 그 길을 한번 걸어보기를 추천드립니다. 성공의 법칙은 의외로 간단 명료합니다. 너무 쉽습니다. 단, 포기하지만 마십시오.

여러분보다 먼저 실패를 경험하고, 가시밭길을 걸으며, '이제는 성공이 보인다.'라고 말할 수 있는 다섯 1인 기업 대표들의 리얼스토리입니다. 이 책을 읽는 독자분들께 한줄기 빛, 희망이 되길 간절히 바라면서 세상 밖에 내놓습니다.

Contents
차례

 ————————————————————— 박서인

일하지 않아도 매월 돈이 들어오는 온라인 건물주
수익형 네이버카페 운영자

Contents
차례

——————————————————— 김시연

고객의 마음을 여는 끌리는 멘트
성공하는 피아노학원 연구소대표

Contents
차례

이승희

1인 기업 성공! 브랜딩이 답이다
나행복 브랜딩 전문가 다행쌤 이승희

Contents
차례

김보림

매일 공부하고 매일 수익화 하자
영어학원 원장에서 맛케터가 되기까지

Contents
차례

——————————————— 김채연

퍼스널브랜딩! 책 쓰기가 답이다
퍼스널브랜딩 책 쓰기스쿨 운영

1인 창업 5인 5색 스토리

1인 창업 실행이 답이다 ————

The real business start-up

박서인

I

많은 사업을 진행하면서 성공과 실패의 롤러코스터를 타보았다. 이제는 성공의 원리를 깨달아 일하지 않아도 돈이 들어오는 시스템을 구축하였다.
1인기업가의 브랜딩과 수익화를 돕는 메신저로 활동 중이다. 저서로는 〈돈되는 방구석 1인창업〉이 있다.

박서인

이루다 대표
1인기업브랜딩스쿨 운영
마케팅컨설턴트
커뮤니티크리에이터

저서
〈돈되는 방구석 1인창업〉

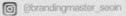 @brandingmaster_seoin

 박서인TV

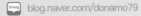 blog.naver.com/donamo79

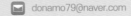 donamo79@naver.com

일하지 않아도
매월 돈이 들어오는 온라인 건물주

수익형 네이버카페 운영자

01

일해야 사는 여자

　대학을 졸업하자마자 직장생활이 시작되었다. 직장에 다니면서도 불안정한 위치, 성공에 대한 열망으로 자기계발을 꾸준히 하였다. 새벽에 중국어학원에 다니고, 다른 전공으로 대학에 편입해서 야간대학을 다니기도 했다. 하지만 내가 생각했던 것만큼 큰 변화는 있지 않았다. 직장에서 남편을 만나고 6개월 만에 결혼을 하고, 임신과 출산을 한 이후 아이를 키우면서 집에서 육아를 하게 되었다. 돌이켜보면 이때가 내 인생에서 가장 힘든 시기였던 것 같다. 아이를 낳고 남들은 살이 안 빠져 고민이라고 했지만, 나는 살이 쭉쭉 빠져서 결혼 전 몸무게보다 훨씬 더 줄어 47kg로 임신 전에 입던 청바지를 입으면 허리가 줄줄 흘러내렸다. 면역력이 약해져서 손에 한포진이 생기고 발바닥에도 한포진이 생겨서 물집이 생기고 터져서 온몸에 이상 신호가 왔다. 모유 수유를 해서 약 처

방도 제대로 받지 못했고, 시간이 지나면 나아지겠지 하고 버텼는데 엎친 데 덮친 격으로 원래 시신경이 약해서 청력이 좋지 않았는데, 이명 증상까지 나타났다. 이 두 가지 증상은 약해지긴 했지만 17년이 지난 지금까지 나와 동고동락을 하고 있다. 내 몸의 일부로 받아들이고 스트레스를 받지 않고 이 상태에서 최선을 다해 생활해야 한다는 것이 내가 내린 결론이었다.

 다른 사람들은 직장을 다니다가 집에 있게 되면 더 살이 찌고 얼굴이 좋아진다고 한다. 하지만 나는 일을 안 하고 집에 있으니 하루하루 더 말라가고 건강도 안 좋아졌다. 이러한 성향은 어렸을 때도 마찬가지였다. 시골에서 농사짓고 사는 농부의 딸로 태어나 초등학교 2, 3학년 때부터 밭일도 하고 외양간의 소똥도 치웠다. 언니나 여동생은 힘들다고 집안일을 돕는 것으로 대신했지만, 나는 집안일보다는 밖에 나가서 밭일을 하는 것이 성취감도 있고, 힘도 덜 들었다. 그때부터 목표를 세우고 달성하는 걸 좋아했던 것 같다. 해야 할 일을 끝내고 났을 때의 행복함과 성취감, 그리고 노동의 대가로 받은 용돈이 좋았다. 지금 우리 아이들을 키우면서 난 저만한 나이에 밭에 나가서 일도 하고, 저녁밥도 차려놓고 부모님을 기다렸는데 아무것도 할 줄 모르는 아이들을 보면 격세지감을 느낀다. 이런 이야기를 초등학교, 중학교, 고등학교에 다니는 아이들에게 이야기를 하면 아동학대 아니냐고 반문을 한다.

 일을 안 하면 도태되어있는 것 같고, 하루하루가 지루하고 불안했다. 그래서일까 돌전 아이를 키우면서 새로운 도전을 했다. 그건 바로 풍선아트였다. 그때 당시의 돌잔치에는 풍선 장식이 꼭 들어가는 시기였다. 내가 홍보만 잘하면 주말을 이용해서 돈을 벌 수 있을 것 같았다.

웨딩홀이나 돌잔치 전문 업체에 전속으로 계약을 하면 팀을 꾸려서 효율적으로 일하면 될 거라 생각했다. 다음 카페에 파티뉴스라는 카페를 만들고 맘 카페를 이용해서 홍보도 하고 그 카페로 회원을 유입시키고 예약을 받았다. 돌이켜보면 이때부터가 내가 인터넷카페에 관심을 가지고 비즈니스로 이용하기 시작한 첫걸음이었다.

풍선 장식 일은 꾸준하게 들어왔지만 돌도 안 된 첫아이를 데리고 다니면서 일하는 데는 무리가 있었다. 또한, 운전을 못 해서 주말마다 남편에게 부탁을 해야 행사장에 갈 수 있었다. 아이를 데리고 오전에 풍선 장식을 만들고 점심 즈음 남편이 오면 차에 싣고 행사장에 가서 장식을 하고 돌아왔다. 뿌듯함이 있기도 했지만, 한편으로는 아이와 남편까지 고생시키는 것 같아 마음이 무거웠다. 그 시기 남편이 동업으로 쇼핑몰을 운영했었는데 동업자와 결별을 하게 되었고 동업자 대신 일을 맡아서 해줄 동료가 필요했다. 이렇게 돌 지난 첫아이를 어린이집에 맡기고 남편과 출퇴근하며 인터넷쇼핑몰 운영에 뛰어들었다. 내가 운영했던 파티뉴스 다음카페는 친언니에게 위임을 했다. 나에게 위임을 받은 언니는 몇 년 동안 다음 카페운영을 하면서 주말마다 소소하게 돌잔치 풍선 장식과 돌상 데코 일을 맡아서 했다.

남편과 인터넷쇼핑몰을 하면서부터는 퇴근 후 집에 와서 바이럴 마케팅을 하기 시작했다. 책을 보고 인터넷을 검색해가면서 블로그 운영과 지식인에 답변하는 것을 배우고 실행하면서 인터넷쇼핑몰 주문이 차츰 늘어났다. 하루 30만 원이었던 매출이 50만 원이 되고, 80만 원이 되고, 100만 원이 넘어갔다. 매주 수입해서 들어오는 수입물량도 점차 늘어나서 박스 단위로 수입해오던 것이 컨테이너로 들어오기 시작했다.

이상하게도 일이 많아지고 바빠질수록 더 활력이 생기고 몸이 더 좋아져 갔다. 몸이 좋아져 간다는 건 살이 찌기 시작했다는 말이다. 활동성 있는 사람이 아이 키우면서 집에서 있을 때보다 밖에서 성취감을 느끼며 일하고, 눈에 보이게 실적이 좋아지는 것에 행복감을 느꼈다. 밤새워 일하는 것도 즐거웠고, 하루하루 늘어나는 택배량과 매출을 보면 힘든지도 모르고 일했다.

이때 "아~나는 일을 해야 하는 여자구나. 일 안 하고 집에 있으면 없던 병도 생기는구나"라는 깨달음을 얻었다. 목표를 가지고 성취하고, 항상 새로운 것을 배우면서 생활이 활기차지고 존재가치를 느꼈던 것 같다.

02
인터넷쇼핑몰 대박으로 건물주 되다

　일산 외곽의 조그만 창고에서 시작했던 인터넷 쇼핑몰은 매달 점차적으로 매출이 늘고, 수입량이 늘고 성장해갔다. 창고로 찾아오는 손님들도 많아졌다. 남편과 나는 함께 일하면서 항상 다음 단계에 대한 목표를 세웠다. 이때 우리의 목표는 이 창고의 계약이 끝나면 조금 더 유동인구가 많은 곳으로 창고형 매장을 계약하여 확장 이전을 하자는 것이었다. 창고에서 2년 계약이 끝나고는 정말 목표대로 새로 짓는 건물의 창고형 매장으로 계약을 했다. 외곽창고에서 집으로 가는 중간지점에 새로 짓는 건물이 있어서 건물주를 찾아가 우리가 사용하겠다고 얘기하고 건물 자체를 우리 용도에 맞게 설계를 약간 변경해서 지었다. 건물주는 건축비를 절감하고 우리는 용도에 맞는 건물을 임대할 수 있게 되어 일석이조의 효과를 얻게 되었다.

사업을 확장해서 매출도 더 늘어나고 직원 4명에 우리 부부까지 6명이 일하게 되었다. 이때부터는 사업의 결정권이나 일의 진행이 사장인 남편에서 나에게로 거의 넘어왔다. 남편은 나를 성장시키기 위한 것이라고 이야기하곤 했는데 변명인지 진심인지 분간이 안되었다. 남편과 나는 11살 차이가 난다. 자기가 은퇴하거나 먼저 세상을 떠나더라도 아이들과 아내가 잘 살게 나를 트레이닝 시키는 것이라고 했다. 모든 실무적인 일은 내가 하긴 했지만, 법인의 명의는 남편 이름으로 되어 있어서 대외적인 업무, 관공서 업무는 남편이 처리하거나 동행해서 처리했다. 이때부터 나는 내 이름으로 된 사업을 하는 꿈을 꾸기 시작했다. 남편이 법인의 대표로 되어 있어서 든든한 점도 있었다. 하지만, 모든 실질적인 업무는 내가 처리하고 어레인지 하는데 회사 대표에게 보고하고, 싫은 소리 듣는 것에 대한 불만이 마음 한구석에 서서히 쌓여가고 있었다.

 일산 창고형 매장에서의 사업도 나날이 번창해갔다. 이 시기의 나는 약간의 강박관념에 사로잡혀 있었다. 출근 시간 9시에서 5분이라도 늦으면 큰일 나는 줄로만 알았다. 고객에게 상담 전화가 오고 매장 방문고객이 기다릴 수 있으니 주인이 먼저 출근해야 한다고 심리적으로 압박했다. 매주 수입 컨테이너가 입고가 되므로 월요일부터 토요일까지 모든 일정이 매일 빡빡하게 돌아갔다. 수입주문, 현지 사업 확인, 고객 전화, 현지통관, 인천항 입항 확인, 통관 진행, 컨테이너 창고 입고, 물건하차, 택배 포장 후 배송, 고객 CS까지 하루도 긴장을 풀 수 있는 날이 없었다.

사업이 잘되어 갈수록 내 업무 스트레스 강도는 높아졌다. 일에서 성취감을 느끼기도 했지만, 고객 응대와 고객 CS는 쉽지 않았다. 지금은 부드럽게 고객 응대를 하고 클레임을 처리할 수 있지만, 이 시기만 해도 나에게 고집이 있었다. 내가 생각한 기준에서 벗어난 것은 고객을 설득하려고 했다. 설득의 기술도 부족했으면서 말이다. 가끔 있는 일이지만 고객과의 언쟁을 피하고 싶었다. 주문이 많아질수록 고객 CS도 많아지니 적당히 벌고, 적당히 일하고 싶은 마음도 생겼다.

이 시기에 우리 부부는 또 다른 목표를 세웠다. 이 창고형 매장이 계약이 끝날 때에는 계약 연장을 하지 않고, 우리 건물을 매입해서 건물주가 되자는 것이었다. 대출을 받아야 했지만, 월세 내는 돈에 조금 더 보태서 대출금과 이자를 내더라도 몇 년 뒤에 고스란히 우리 건물로 남을 것이기 때문이다. 그때 즈음, 한창 세종시가 태동을 하는 시기였다. 우리는 일산에서 새로운 대한민국의 중심, 세종으로 터전을 옮기기로 마음을 먹었다. 세종시가 한창 터를 잡고 개발을 하고 있었고, 세종시 첫 마을 아파트 분양 계획이 있어서 관심을 가지고 알아보았다. 우리가 가진 돈으로 세종으로 가기엔 역부족이었다. 나는 남편에게 경매 책을 사서 권해주었다. 아내 말을 안 듣는 것 같지만 은근히 잘 듣는 남편은 경매 공부를 시작했다. 세종이 어렵다면 세종 인근으로 먼저 옮긴 후 나중에 다시 세종으로 진입하기로 계획을 세웠다. 주말마다 아이들과 세종 인근 지역을 다니면서 경매로 나온 물건들을 임장하기 시작했다. 대부분 청주지역이었다. 세종과 청주의 경계인 남청주IC 인근에 맘에 드는 창고가 경매로 나온 것을 확인하고 임장을 가봤는데 꽤 괜찮은 물건이었다. 우리가 경험이 없어서 직접 진행하지는 않고, 경매 컨설팅업체에 입찰과 명도까지 의뢰를 했다. 컨설팅 비용을 지불하더라도 스트레스를 덜 받고 시간을 아끼는 방법이라고 생각했다. 일은 속속 잘 진행되어 우리가 찍은 건물을 적당한 가격에 낙찰을 받고 명도까지 잘 진행이 되었다.

 드디어 우리가 건물주가 된 것이다. 결혼 7년 만에 이루어낸 성과이다. 인천의 작고 오래된 빌라에서 신혼생활을 시작하고, 창고에서 4~5개씩 택배를 보내던 것을 이만큼 성장시켜서 건물주가 되는 짜릿한 경험을 하게 된 것이다. 우리가 낙찰받은 건물을 용도에 맞게 리모델링을 시작했다. 이 건물의 장점은 싱크대 공장이었는데 건물 옆으로 2층짜리 전시장이 붙어있다는 것이다. 2층짜리 전시장을 집으로 리모델링해서 아이 키우면서 일하기 좋은 환경을 만들었다. 이때 두 아이를 키우면서 뱃속에 셋째를 임신하고 있었는데 세 아이를 키우면서 일하기 딱 좋은 구조였다. 집에서 넓은 마당을 가로질러 가면 창고형 매장도 있고 사무실도 있고, 시간에 구애받지 않고 사무실과 매장을 오가면서 일할 수 있고, 아이들도 케어 할 수 있어 최상이었다.

 2층 집과 넓은 마당에서 아이들이 뛰어놀 수 있고, 다른 형제들과 친구들을 불러서 바비큐 파티를 할 수 있는 최적의 건물이었다. 이때는 직원들도 있고 생활도 여유로워서 막내를 낳고 돌봐주는 도우미 아주머니도 두고 생활하였고, 나는 직원들에게 일을 맡기고 사무실과 집을 오가며 중간 역할을 할 수 있었다.

　마케팅 공부와 쇼핑몰 운영을 하면서 참 치열하게 살아온 7년의 생활이었다. 이 시기 육아에 많은 신경을 쓰지 못해서 첫째 딸과 둘째 아들에게는 아직도 미안한 마음이 있다. 첫째 딸은 돌 지나면서 어린이집에 맡겼었는데 사랑으로 잘 돌봐주셨다고 믿고 있지만, 요즘 나오는 어린이집 학대 뉴스를 보면 우리 딸도 학대를 당한 건 아닌지, 미안하고 죄스러운 마음도 있다. 둘째 아들은 태어나자마자 안동 할머니 집에 보내져서 3살까지 할머니 손에서 컸고, 이후 집으로 데리고 와서부터는 또 어린이집을 다니면서 보육을 했다. 입맛 까다롭고 예민한 아들을 애착 형성기에 남의 손에 맡겨서 키워서인지 지금 사춘기의 절정을 보내고 있다. 어린 시절 못해준 것을 아들에게 빚을 갚는 것이라고 생각하면서 인내의 시간을 보내고 있다. 이런 시기를 보내면서 마련한 건물이라 더욱 애착이 간다. 하나씩 단계를 거치고 성장해가면서 결국 건물주가 되었다. 이렇게 해피엔딩으로 끝난다면 좋으련만 '인생은 새옹지마'라고 또 다른 시련이 우리를 기다리고 있었다.

03

꿈은 이루어진다. 잘못된 꿈도

나는 항상 "꿈은 이루어진다"라는 생각을 가지고 살았다. 실제로 지금까지 내가 목표하고 계획한 대로 다 이루면서 살았다. 설령 시간이 걸리더라도 포기만 하지 않으면 언젠가는 그 꿈이 이루어진다는 것을 경험을 통해 알고 있었다. 남편과 결혼 후 같이 사업을 하면서 목표로 했던 대로 하나씩 이루었다. 건물을 경매로 낙찰받아 일산에서 청주로 내려올 당시에는 다음 목표는 세종으로 아파트를 분양받아 입성하는 것이었다. 자금 때문에 사업 소재지는 세종과 청주의 경계에 자리 잡았지만, 보금자리는 세종으로 옮겨서 아이들을 더 좋은 환경에서 키우기로 계획을 하나 더 세웠다. 결국, 이 꿈도 계획대로 2년 뒤에 아파트를 분양받고 4년 뒤에 세종으로 아이들과 보금자리를 옮기게 되었다.

또 하나의 나의 꿈은 음악 들으며 독서를 하고 커피를 마시는 카페주인이 되는 것이었다. 지금까지 그래왔던 것처럼 카페주인이 되는 꿈도 이루었다. 꿈은 이루었지만, 이건 잘못된 꿈이었다는 것을 카페를 오픈하고 한 달이 채 되기도 전에 깨닫게 되었다. 지금도 많은 자영업자들이 사업체 운영에 큰 어려움을 겪고 있다. 코로나 때문이라고 하지만, 코로나로 더 심해졌을뿐 그 이전에도 자영업자들은 높은 임대료와 인건비, 관리비 등으로 웬만한 매출이 아닌 다음에야 수익을 내기가 어려웠다.

  카페를 하면서 우아하게 살고 싶었으나 이상과 현실은 너무나 달랐다. 쇼핑몰과 창고형 매장도 운영하고 있었고, 카페에 전념할 수 있는 여건도 아니었다. 더군다나 내가 아기자기하게 꾸미고 주방에서 일을 하는 스타일도 아니어서 매니저와 아르바이트에게 맡기고 풀 오토로 운영하려고 마음먹었던 것이 큰 착오였다. 그리고 신생 프랜차이즈라 본사의 지원도 문제가 많았다. 편하게 하려고 프랜차이즈로 선택한 것도 잘못이고, 검증되지 않은 품목과 업체를 선택한 것도 내 잘못이었다. 내가 오랜 시간 마케팅을 공부해 왔지만, 마케팅의 덫에 내가 걸려버린 것이었다. 보도기사도 돈을 내고 작성할 수 있으며, 각종 블로그에 포스팅 배포 또한 업체를 통해서 얼마든지 가능한 것이었다. 오픈 전에 줄 서있는 사진 역시 이벤트를 진행하면 연출 가능하다는 것을 알면서도 어이없게 당하고 말았다. 일이 잘못되려면 무언가에 홀린 듯 진행된다는 말이 나에게도 해당되는 것이었다.

　디저트 카페의 오픈빨은 얼마 가지 않았다. 카페의 매출로는 임대료를 내고, 직원들 월급을 주기에도 턱없이 부족했다. 여유자금이라고 가지고 있던 통장에서 매달 몇　백만 원씩 손실을 메꾸다가 몇 천만 원 들어있던 통장이 금방 바닥을 드러냈다. 이런 상태로 1년 여년을 운영해오다가 카페를 정리하기로 마음을 먹었다. 하지만 그마저도 쉽지 않았다. 사람의 욕심이란 것이 처음에는 내가 투자한 시설비까지 받고 나가길 원한다. 점점 욕심이 줄어들면서 시설비는 제외하고라도 누군가 빨리 들어와서 이 생활을 정리하고, 매달 나가는 고정비(임대료+관리비+인건비)만이라도 줄였으면 하는 생각을 하게 되었다. 결국 꽤 여러 달의 시간이 지나고 나서야 새로운 주인과 계약을 하게 되었다. 우리는 1억을 들여 인테리어를 하면서 벽과 바닥에 설치한 것들을 다시 큰 돈을 들여서 철거하는 일을 하였다. 이 과정에서 정말 웬만한 멘탈이 아니면 견디기 힘들었을 것이다. 하지만, 나는 돈은 다시 벌면 된다고, 이 경험이 나에게 또 다른 큰 힘이 될 거라고 다짐을 했다. 디저트 카페를 처음 계약하고 오픈할 때 우리가 가지고 있는 현금이 없었다. 그래서 지인 찬스를 써야 했고 지인의 여유자금을 저금리로 빌려서 시작을 했다. 가맹비, 설비비, 인테리어비, 운영비 등 디저트 카페의 모든 것을 정리하고 나니, 4억이라는 돈이 허공으로 사라진 뒤였다. 마케팅을 좀 안다고 그동안 산전수전 다 겪었다고, 내가 하면 다 잘 될 거라는 자만심이 가져온 결과였다.

'꿈은 이루어진다.'라는 것을 다시 한번 확인한 사건이었다. 그런데 그 꿈이 나와는 맞지 않는 잘못된 꿈이었다. 비싼 수업료를 내고 인생 경험을 한 것이라고 생각하고 다시 일어서기로 마음을 먹었다. 디저트 카페를 지역의 핫 플레이스로 만들기 위해서 블로그마케팅 강의도 들었고, 개별적인 컨설팅도 받았다. 또한, 디저트 카페를 홍보하기 위해서 지역의 맛집 카페에 입점했는데, 매달 10만 원씩의 입점비용을 내야만 했다. 홍보 효과는 있었지만 매달 내야 하는 돈이 너무 아까웠다. 또한, 인터넷쇼핑몰과 함께 운영했던 창고형 매장을 방문했던 고객이 방문 후기를 지역 카페에 올려주니 그날은 매장방문 고객의 수와 전화문의까지 평소보다 굉장했다. 지역 카페가 홍보 효과가 있다는 것을 깨달았다. '이런 플랫폼이 있다면 내가 어떤 사업을 하든, 성공할 수 있을 것 같다'는 생각을 했고, '매달 카페운영자에게 월세를 내는 입점비용 대신에 내가 플랫폼을 운영해서 매달 월세 수입을 받는 온라인 건물주가 되어야겠다.'라고 생각했다. 이렇게 나의 온라인 건물주 되기, 수익형 네이버 카페에 대한 꿈이 시작되었다.

수익형 네이버 카페의 운영을 배우기 위해서 서점에서 책을 사서 읽었지만, 내용이 너무 두루뭉술했다. 기본적인 네이버 카페 제작 매뉴얼이 대부분이었다. 그때는 아쉬웠지만 돌이켜보면 그럴 수밖에 없었다는 생각이 든다. 왜냐하면, 네이버 카페 운영하기에는 공개적으로 거론하기 힘든 작업들이 수반되어야 하기 때문이다. 고액의 수강료를 내고 온라인카페 운영 수업을 3개 정도 들었지만 쉽게 활성화되지는 않았다. 1년 동안 콘셉을 3번이나 바꾸면서 100여 명의 회원을 모은 것이 전부였다. 여러 번의 시행착오 끝에 콘셉이 적중하면서 회원 수가 순식간에 늘어났다.

지나고 보면 디저트 카페의 실패가 꼭 나에게 빚만 남긴 것은 아니었다. 플랫폼의 중요성을 알게 해주었고, 일하지 않아도 수익이 들어오는 수익형 네이버 카페의 운영자가 되도록 해주었다. 그리고 나의 경험과 지식을 판매하는 지식창업 1인 기업가가 되어 가고 있었던 것이다.

온라인 쇼핑몰로 돈도 많이 벌고, 실제 건물주가 되긴 했지만 이렇게 재고를 쌓아놓고 하는 사업은 리스크가 많다. 그 이유는 창고도 있어야 하고, 관리직원도 있어야 하며, 매출의 10배 이상의 재고를 보유하는 것도 감수해야 한다. 홍수가 나서 창고가 물에 잠겨서 수천만 원의 피해를 입은 적도 있었다. 이후 재고를 쌓아두고 일하는 쇼핑몰의 규모를 서서히 줄여나가기 시작했다. 쇼핑몰을 한다면 선주문을 받아서 자금을 확보하고 내 손을 거치지 않고도 고객에게 배송이 되는, 그런 플랫폼의 역할을 해야 한다는 생각에 도달했다.

04
내 이름으로 살고 싶다

결혼 후 많은 사업을 해 보긴 했지만, 모두 남편 명의로 된 사업이었다. 왜 일은 내가 하고, 돈은 내가 버는데, 남편 이름으로 해야 하는지 내 이름으로 사업을 해 보고 싶다는 생각이 들었다. 그래서 중국어 어린이 도서쇼핑몰 사업자를 내 이름으로 내서 시작했다. 도서수입과 판매, 쇼핑몰 관리가 쉽지 않아서 몇 달 되지 않아 정리했다.

블로그마케팅을 배우면서 '블로그마켓을 이용해 돈 버는 블로그 이웃들을 보고서 나도 잘할 수 있을 것 같다'라는 생각도 들었다. 그래서 또 다른 쇼핑몰 사업자를 내고서 여성의류 판매에 도전을 했는데, 의류판매사업도 만만치는 않았다. 패션 감각이 뛰어난 것도 아니고, 자금력이 풍부해서 자체 제작해서 저렴하게 판매할 수 있는 상황도 아니었다. 그저 소소하게 동대문 새벽시장에서 도매로 물건을 소량 사입 해와서 사진을 찍고, 쇼핑몰과 블로그에서 판매하는 것이 전부였다. 지금처럼 맘 카페라는 나만의 플랫폼이 있는 것도 아니었는데 무모한 도전이었다. 또한, 제일 중요한 끈기도 없었다. 여성 의류 사업 역시 몇 달 만에 정리를 하였다.

  중국어 어린이 도서쇼핑몰과 여성 의류 쇼핑몰 사업으로 나에게 남은 건 재고였다. 이 재고는 아직도 우리 집에 남아있다. 무언가 새로운 생각이 나면 바로 도전해서 실행하는 실행력을 갖추고 있었지만, 기획력과 끈기가 부족했다. 그래도 내 이름으로 사업자를 내고, 자금관리를 하고 남편의 동의를 구하지 않고 내 의지대로 진행할 수 있는 사업이라서 좋았다. 그 뒤로도 크고 작은 사업에 도전해서 실패를 경험했다. 이러한 크고 작은 사업 경험들이 나를 더욱 단단하게 만들어주었다. 작은 도전이라서 사업을 정리하더라도 큰 경제적 손실을 남기지는 않았다. 지나고 보니 이런 실패 경험들이 내가 컨설턴트로서 다른 사람들에게 조언해줄 수 있는 밑거름이 된 것이다.

  결혼을 하고 누군가의 아내가 되고, 엄마가 되면서 여자는 자기의 이름을 잃어간다. 다행히 남편은 '누구 엄마'라고 나를 부르진 않았다. 나의 이름을 불러주었다. 하지만, 나는 남편에게만 나의 이름이 불리고 싶지 않았다. 대중들에게 세상 사람들에게 내 이름을 각인시키고 싶었다. 나의 이름으로 블로그 닉네임을 만들고, 인스타그램을 하고, 내 플랫폼을 만들고, 사람들이 '박서인'이라는 이름을 기억하고 대표님이라고 부르고 '박서인'을 찾아오게 만드는 시스템을 만들고 싶었다. 중간의 과정들에서 실패는 있었지만, 현재 나는 박서인으로 매우 만족스러운 삶을 살고 있다. 어렸을 때 선생님이 되고 싶었던 꿈을 지금은 성인들을 가르치면서 '서인쌤'이라는 이름으로 불리고 있다. 성공한 CEO의 모습으로 살고 싶었던 꿈은 1인 기업대표로서 박서인 대표라는 명함으로 만들어 주었다. 3쇄 인쇄를 들어간 〈돈 되는 방구석 1인 창업〉이라는 책으로 작가의 꿈도 이루었다. '박서인 작가'. 내 이름을 기억해주는 사람들이 있다는 것은 행복하다. '내 이름으로 살고 싶다'라는 생각을 가지고 몇 년동안 꾸준히 노력했더니 그 목표도 이룬 것이다.

초반에는 실패만 거듭하고, 항상 제자리걸음인 것 같았다. 하지만, 세월이 지난 후 걸어온 흔적들을 돌이켜보면 아주 작은 경험이라도 모이고 또 모여서 어느새 목표를 이룬 나를 만날 수 있었다. '내가 생각하는 대로, 내가 꿈꾸는 대로, 내가 종이 위에 적은 대로 꿈은 이루어진다.'라는 것을 직접 경험을 통해서 알게 되었다. 내 아이들에게도 후배들에게도 아낌없이 꿈꾸라고 말한다. 내가 상상하면 현실이 되는 것이 허무맹랑한 이야기가 아니기 때문이다. 꿈꾸자. 내 이름으로 성공을 꿈꾸자.

디저트 카페의 실패로 4억의 투자금을 날리자, 너무 창피해서 동굴 속으로 숨고 싶었다. 대외적으로는 사업이 잘되어 계속 확장하는 성공자의 모습이었기 때문이다. 그래도 남아있는 사업과 가족들을 위해서 속으로는 멍들고 아플지언정 겉으로는 내색을 못 했다. 어떻게든 다시 일어서서 4억의 빚을 갚고 재기할 수 있을 것이라 생각했다. 나는 일이 잘 풀리지 않고 막막할 때, 책 속에서 길을 찾는다. 대형서점에 가서 마음에 드는 자기계발 책을 구매하기도 하고 도서관에 가서 5권씩 대출을 해서 읽는다. 어떤 때는 쓱쓱 제목과 목차를 보고서 아이디어를 얻기도 했다.

사업실패로 어떻게 빚을 갚고 다시 재기해야 할지 막막했을 때, 어떤 책에서 본 구절이 나의 경험과 지식이 돈이 된다는 것이었다. 바로 이것이다. 사람들은 나에게 사업의 조언을 많이 구했다. 그리고, 네이버 카페 운영을 어떻게 시작했는지도 많이 물어보았다. 내가 가진 또 하나의 장점은 상대방과의 대화를 통해서 그가 가진 재능을 찾아내고 그것으로 사업화할 수 있도록 돕는 아이디어가 뛰어나다는 점이다. 나는 내가 가진 경험과 지식을 판매하는 지식창업자가 되기로 했고. 사람들이 나에게 궁금해하는 것을 책으로 쓰고, 네이버 카페를 만들어서 사람들과 소통하고, 블로그에 포스팅하여 사람들이 찾아오게 만들었다.

내 주변 사람들에게만 국한되었던 사업 상담, 마케팅 상담을 더 넓은 온라인의 세계에 씨앗을 뿌리기 시작한 것이다. 지금까지 해왔던 사업과 마찬가지로 1인 지식창업 역시 처음에는 반응이 별로 없었다. 하지만, 그간의 경험을 통해서 알고 있다. 쉽게 얻은 것은 쉽게 사라지고, 탄탄하게 기본을 다져서 실력으로 성공을 하려면 3년 정도의 시간이 걸린다는 것을 말이다. 빨리 성공하려고 하면 쉽게 지치고 포기하게 된다. 요즘엔 자신을 브랜딩 해서 1인 기업가로 살아가는 사람들을 흔히 볼 수 있다. 블로그, 인스타그램, 유튜브 등 SNS의 발달이 1인 기업가들이 활동하기 편하고, 더 쉽게 자신을 알리고, 수익화하기 편하게 도와주기 때문이다.

자신의 경험과 지식을 파는 메신저 사업도 전략적으로 시작해야 한다. SNS를 기반으로 하는 1인 기업 메신저 사업은 우선 명확한 컨셉과 자신의 콘텐츠를 가지고 SNS를 키워야 한다. 하나의 SNS를 키우기 위해서는 6개월~1년의 시간 동안 꾸준하게 관리하면서 콘텐츠를 축적하고 찐

팬을 만들어야 한다. 여기서 말하는 콘텐츠는 자신의 경험과 지식을 이야기한다. 자신의 경험과 지식을 콘텐츠로 만들 수 있는 능력, 그 콘텐츠가 많은 사람들에게 도달하게 할 수 있는 능력, 찐 팬을 만들어서 내 콘텐츠를 소비해줄 사람을 만들고, 사람들이 팔아달라고 부탁을 하게 해야 한다.

 1인 기업가로 성공했다고 하는 사람들. 월 천만 원 이상의 수익을 올리는 것은 쉽게 만들어지지 않는다. 내 주변의 사람들을 보았을 때 평균 3년 정도의 시간이 걸리는 것을 알 수 있었다. 처음부터 많은 수익이 생기는 것도 아니다. 몇 십만 원의 수익에서 시작한 일들이 시간과 경험들이 쌓이면서 복리로 눈덩이처럼 불어나는 것, 내가 원하는 수입이 만들어질 때까지 인내하면서 기다릴 수 있어야 한다. 요즘 사람들은 빠르게 성장하기만을 바란다. 그래서, 몇 달 해 보고 성과가 안 나오면 포기하고, '내가 할 일이 아닌가 보다'라고 생각하며 월급을 받는 직장인의 삶으로 돌아간다. 가정주부는 몰입해서 할 경우 집안일과 아이들 케어에 소홀해지기 쉬워서 가족들의 불만이 쌓이고, 돈도 안 되는 일 그만두라는 남편의 성화에 그만두기도 한다. 그래서 나는 퇴사를 하고 1인 기업을 준비하기보다는 회사에 다니면서 준비하라고 조언을 하고 싶다. 그래야 수익이 안정되기 전까지 경제적 압박과 심리적 압박을 피할 수 있다. 부업으로, 투잡으로 시작해서 수입이 월급을 넘기고 안정화 되면 그때 사표를 내고 자신의 경험과 지식을 파는 1인 기업에 집중하면 된다. 절대로 회사가 싫어서 직장인의 삶이 싫어서 무턱대고 사표부터 내고서 시작하면 안 된다. 그러면 몇 달 지나지 않아서 다시 본래의 자리로 돌아가는 것을 경험하게 될 것이다.

코로나로 인터넷을 기반으로 하는 디지털콘텐츠 사업이 5년이 빨라졌다고 한다. 인터넷 강의 시장도 활발해져서 홍보하고 모객 할 능력만 되면 시간과 장소를 가리지 않고 ZOOM을 통한 강의를 하고, 유튜브를 통한 라이브방송을 통해서 수익을 창출할 수 있다. 하루가 다르게 급변하는 세상에 발맞추어 가려면 끊임없이 배우고 노력해야 한다.

내가 가진 경험과 지식을 돈으로 만들고, 배움을 돈으로 만들고, SNS 상에서 영향력 있는 인플루언서가 되어서 영향력을 돈으로 만들 수 있는 능력을 키워야 한다. 하루아침에 뚝딱 될 수 있는 일이 아니라서 포기하지 않고 꾸준히 배우면서 실행하고 계속적으로 도전해야 한다. 내가 실패했던 경험을 다른 사람에게 나누어주면서 다른 사람들이 나와 같은 실수를 하지 않도록 실패확률을 낮춰 주는 것도 멋진 일이다. 내가 성공한 경험을 나누어주면 다른 사람들은 나보다 2배 이상 더 빨리 성공할 수 있다. 이런 경험과 지식들을 콘텐츠로 만들어서 판매하면 나에게는 수익이 되는 것이다.

06
배움에 대한 투자는 배신하지 않는다

　나는 한 달에 평균 300만 원 정도를 배움에 투자를 한다. 가정주부가 웬만한 직장인 월급만큼 자기계발에 투자를 한다는 것은 쉽지 않은 일이다. 고기도 먹어본 사람이 먹고, 배우는 것도 배워본 사람이 계속 투자를 한다. 하루라도 강의가 없는 날이면 무언가 불안하기도 하다. 그나마 다행인 것은, 이제 배움에 대한 것을 투자에 그치지 않고, 수익을 창출하는 방법을 알고 있다는 것이다. 100만 원짜리 강의를 듣고 배우고 익혀서 1,000만 원의 수익을 낼 수 있다면 이보다 더 확실한 투자가 어디 있단 말인가? 사업투자, 주식투자, 부동산투자 등은 내가 컨트롤할 수 없는 세계정세와 국가 정책 등에 의해서 좌우되는 경우도 많고, 손실을 입을 수도 있다. 하지만, 그간의 경험을 통해서 배움에 대한 투자는 배신하지 않는다는 것을 터득하게 되었다. 배움을 통해서 스승을 만나고, 멘토를 만나고, 삶의 목표가 같은 방향인 동료들을 만나면 동기부여도 되고, 먼 길 외롭지 않은 여정을 함께 할 수 있기 때문이다.

주말에는 서울에 가서 강의를 들었다. 요즘엔 코로나로 인터넷 줌 강의가 많아져서 접근성이 훨씬 좋아졌다. 더 많은 강의를 쉽게 들을 수 있어서 너무 행복하다. 예전에는 주말에 서울에서 강의를 듣고 세종에 내려가는 버스 안에서 친정엄마의 전화가 오면 일부러 피하기도 했다. "주말에 아이들 챙기지 않고 뭘 그렇게 배우러 다니냐!"는 엄마의 걱정어린 잔소리가 불편했기 때문이다. 그럼에도 불구하고 나는 계속 배움에 투자를 한다. 배움과 책 사는 데 돈을 아껴서는 안 된다. 배움과 독서를 소홀히 하면 항상 제자리걸음이고 더 이상 발전이 없다. 새로운 것을 받아들이고 공부하고 내 것으로 만들어야 다른 사람들에게 나누어줄 지식도 생긴다.

배움에도 원칙은 있어야 한다. 단순히 배우는 것에서 그치지 않고, 배움을 돈으로 바꾸는 연습을 하도록 하는 것이 중요하다. 배운 것을 남에게 가르칠 때 그것은 온전히 나의 지식이 된다. 적은 금액일지라도 수익을 창출하는 것을 연습하는 것이 좋다. 나 역시도 그랬지만 초보자들은 항상 무엇인가 부족하다고 생각해서 계속 이것저것 배우기만 한다. 무조건 배운 것은 수익과 연계해서 돈으로 바꾸는 연습을 해야 한다.

지금은 내가 나 자신의 스폰서가 되어 남편한테 손 벌리지 않고, 남편의 눈치를 안 보고 내가 벌어서 나 자신한테 투자를 할 수 있을 정도가 되었다. 이렇게 되기까지는 몇 년 동안 남편의 지원이 있기에 가능했었다. 적게는 몇 십만 원에서 많게는 천만 원이 넘는 금액까지 흔쾌히 지원해주었었다. 이렇게 지원해주는 남편이었지만, 그래도 말 꺼내기 미안했고, 주말에 가족과 함께 시간을 못 보내고 혼자 서울행 버스에 몸을 실을 때면 미안한 마음이 드는 건 피할 수 없었다. 그 시기를 보냈기에 일을 하지 않아도 돈이 들어오는 시스템이 구축되었으며, 현재는 집에서 일을 하면서 편하게 강의도 할 수 있는 기반이 마련되었다.

배움에 투자하는 돈을 아까워하는 사람은 빠른 성장을 할 수 없다. 물론 끈기를 가지고 독학으로 열심히 한다면 불가능한 일은 아니다. 나는 독학보다는 사람들 사이에서 동기부여를 받으며 성장하는 것을 즐기는 사람이다. 스승과 제자로, 같이 공부하고 성장하는 꿈 벗으로 만나 서로의 성장을 응원한다. 온라인이든 오프라인이든 사람들과의 관계는 소중하다. 오래된 친구나 형제자매들보다도 더 연락을 자주 하며 통화하게 된다. 늘 즐겁게 소통하는 사람들이 바로 함께 배우고 성장하는 사람들이기 때문이다.

최근 내가 자주 하는 말이 있다. 내가 학교 다닐 때 이렇게 열심히 공부했으면 일류대에 갔을 것이다. 학교 다닐 때보다도 더 열심히 공부하고, 과제하고, 배우는데 시간과 돈을 투자하고 있다. 배우는 것은 자기가 필요성을 느끼고 하고 싶은 마음이 생겼을 때 시작해야 성과가 빨리 나는 법이다. 이러한 것을 직접 경험해봤으므로 초, 중, 고등학생인 세 아이들한테도 억지로 공부하라는 말을 하지 않는다. 배움에 대한 필요성을 느껴서 하고 싶은 마음이 생기길 기다려주고 있다.

30~40대에 나는 누구인가? 내가 잘하는 것은 무엇인가? 앞으로 어떻게 살아야 할 것인가에 대한 고민을 많이 하게 된다. 10대에 하는 고민, 20대에 하는 고민과는 차원이 다른 생존전략에 대한 고민이다. 생존과 직결된 것이므로 이 시기에 하는 자기계발과 배움은 바로 수익과 연결되고 빠른 성과를 낼 수가 있다. 그동안 경험했던 삶의 지식과 지혜, 그 모든 것을 콘텐츠로 만들어서 수익을 창출할 수 있기 때문이다.

이때 조심해야 할 것은 바로 남들과 비교하지 않아야 한다. 묵묵히 나의 페이스대로, 나를 믿으면서 한 걸음 한걸음 목적지를 향해서 나아가는 것이 중요하다.

07

매월 돈이 들어오는 자동화시스템

나는 매월 일하지 않아도 돈이 들어오는 자동화시스템을 구축하게 되었다. 수익형 네이버 카페에서 매월 돈이 들어오고, 책 판매 인세가 들어오고, 세무사 사무소에서 법인 기장 소개 수수료가 들어오고, 농수산물 판매쇼핑몰에서 판매자 중개수수료가 들어온다. 적게는 몇 만 원에서 몇 십만 원, 몇 백만 원까지 내가 일하지 않아도 돈이 들어오는 시스템을 구축했다. 또한, 이러한 시스템을 앞으로도 계속 구축해 나갈 예정이며, 5년 이내에 10개 이상 만드는 것을 목표로 하고 있다.

현재는 3개의 네이버 카페에서 수익을 내고 있다. 5년 이내에 네이버 카페에서 새로운 3개의 수익화를 목표로 하고, 수익형 블로그 운영과 전자책출판, 꾸준한 책 출간으로 인세 수익을 늘리려는 계획을 잡앉다. 이렇게 브랜딩이 되면 컨설팅과 교육수익 또한 자연스럽게 늘어날 수 있다.

100세 시대 매달 생활비와 의료비 등이 500만 원 정도 필요할 것으로 예상하고 그 이상의 수익이 생기는 파이프라인을 만들어놓아야 한다. 예전에는 건물주가 되는 것이 목표였으나, 건물은 관리상의 어려움, 임대차문제 등 복잡한 문제가 얽혀있다. 그래서 나는 온라인 건물주가 되기로 마음먹었다. 온라인상에 나의 건물들을 여러 채 만들어놓고, 사람들이 소통하고, 그 안에서 자동으로 수익이 발생하게 셋팅해놓으면 강남의 빌딩 주가 부럽지 않을 것이다.

회원모집도, 매출수익도 결국은 자동화 시스템으로 이루어져야 한다. 내가 일하지 않아도, 해외에 있어도 자고 있는 동안에도 수익을 창출할 수 있는 시스템을 구축하도록 적극 추천한다. 이러한 시스템이 하루아침에 만들어지는 것은 아니다. 온라인상에 내 건물을 올린다는 마음가짐으로 하나하나 벽돌을 쌓아서 구축해야 한다. 잘못 만들어 무너지고, 또 마음에 안 들어, 부수고 다시 짓더라도 충분히 시도해 볼 만한 가치가 있는 일이다.

모든 것은 사람에 대한 이해, 관계에서 이루어진다. 사람들이 원하는 것이 무엇인지, 그들의 고민이 무엇인지, 문제를 어떻게 해결해 줄 수 있는지, 그들이 어떤 방향으로 움직이는지 관찰에서 시작된다.

요즘 마케팅 분야에서 자동화 붐이 불고 있다. 인건비가 비싼 시대에 디지털 직원을 고용해서 반복되는 단순 업무가 자동으로 이루어지도록 자동화 프로그램을 이용해서 매출이 왜 발생하는지 분석하고 이해하는 퍼널을 구축하는 것이다. 하지만, 이런 업무의 자동화가 수익의 자동화로 이루어지지는 않는다. 이 둘을 명확히 구분 지을 수 있어야 한다. 우리가 추구하는 것은 수익의 자동화이다. 구독경제로 매달 돈이 결제되면서 매거진이 배송되고, 쿠팡에서는 로켓프레시 월 회비를 4,900원 연결시켜놓으면 매달 자동으로 결제가 되며, 다음날 새벽에 배송되는 로켓프레시 서비스를 받을 수 있다.

우리가 운영 중인 플랫폼이 활성화되어 사람들이 소통하고 정보를 교환하는 장이 된다면 자신의 사업을 홍보하고 싶은 사람들이 여러 경로를 통해서 광고 문의도 하고, 제휴업체 입점도 물어보게 될 것이다. 처음에는 작은 돈일지라도 성공사례와 성공의 달콤함을 맛보는 것이 중요하다. 꼭 도전해서 온라인 건물주, 수익 자동화의 완결판을 위한 첫 단추를 꿰어보기를 추천한다.

08
지식보다는 가치를 팔아라

　1인 기업가로 내가 가진 경험과 지식을 판매하고 있다. 이런 경험과 지식은 다른 누군가도 콘텐츠화 할 수 있는 것이다. 특히나 하루가 다르게 급변하고 있는 디지털 세상에서 지식은 순식간에 오래된, 지난 지식이 되어버린다. 그래서, '언제까지 이것을 할 수 있을까?'하고 고민했던 시기가 있었다. 항상 새로운 것을 배우고 있지만, 나보다 더 잘하는 사람들도 있고 나만의 독창적인 지식이 아니기 때문이다. 이 문제에 대한 해답은 가치를 더해야 한다는 것으로 결론을 얻었다.

　다른 사람들이 나를 찾는 이유는 무엇일까? 내가 고객들에게 줄 수 있는 차별화된 가치는 무엇인가? 이 질문에 대한 고민을 하면서 나의 가치를 만드는데 주력을 하고 있다. 상품이 아니라 나를 판매하는 것이다. 나의 상품을 보고 구매하는 것이 아니라 나를 보고 믿음으로 구매할 수 있도록 고객과의 소통과 믿음이 중요하다. 고객이 궁금한 점은 채팅과 전화 상담을 통해서 24시간 궁금증을 해소해준다. 또한, 강의를 따라오지 못하는 고객은 대면 미팅을 통해서 문제를 해결해주곤 했다. 온라인으로도 소통을 하고, 찐 팬이 되는 것이 가능하지만, 오프라인을 통한 만남은 더욱 관계를 돈독하게 만들어줄 것이다.

배우고자 하는 사람은 시간과 공간을 초월해서 도와주고 싶은 마음이 생긴다. 내가 고객에게 제공할 수 있는 가치가 클수록 나의 가치도 커지게 된다. 또한, 고객의 성공을 진심으로 도와주고 고객이 성공하게 되면 그 성공이 나의 성공이 되고, 나의 가치도 올라가게 된다. 나의 성공을 위해서 일하는 것이 아니라 고객의 성공을 위해서 일을 한다. 돈을 위해서 강의하기보다는 고객의 성공을 돕기 위해서 강의를 한다. 나의 초심이 흔들릴 때면 항상 이 말을 되새긴다.

강의를 할 때, 매 시간마다 마인드 셋으로 시작한다. 몇 년간의 강의를 통해서 똑같은 강의를 듣고도 성과가 있는 사람, 성과가 없는 사람의 차이는 무엇일까 생각해보니 그것은 마인드의 차이였다. 성과가 있는 사람은 항상 긍정적이고, 매사에 열심이고, 무언가를 가르쳐주면 항상 고맙다는 인사를 잊지 않는다. 반면 성과가 없는 사람은 부정적이고, 해야 할 과제가 있음에도 핑계를 대고 하지 않으며, 매사에 불만인 사람은 성과가 없었다. 결국, 성공과 실패는 마인드에 달려있다. "할 수 있다"라는 자신감과 실패해도 성공할 때까지 도전하는 도전정신, 매사에 감사하는 마음이 성공의 열쇠였다. 나와 인연을 맺은 사람이 교육을 통해 사업에서 성과를 내고, 사람이 바뀌고 인생이 바뀌길 소망한다. 나를 만나서 성공자로서 새로운 삶을 살아간다면 더 이상 뿌듯한 일은 없을 것이다. 여기서 말하는 성공이란 단지 돈을 많이 버는 것이 아니다.

How to는 요즘 유튜브를 검색하고, 인터넷검색을 하게 되면 얼마든지 많은 자료를 찾을 수 있다. 내가 교육과정에서 가르치는 것보다 더 많은 정보들을 만날 수 있다. How to보다는 Why에 집중을 한다. 왜? 해야 하는지, 동기부여가 확실히 되지 않고, 그 이유를 본인이 찾지 못한다면 얼마 시간이 지나지 않아서 쉽게 포기하게 되기 때문이다. 비록 스몰 비즈니스 일지라도 Why를 명확히 하고 시작하는 사람은 스타트가 느리고 과정이 느리더라도 포기하지 않고 완주할 수 있는 힘이 생기게 된다.

내가 추구하는 가치는 고객의 성공을 나의 성공으로 생각하고 진심으로 도와주자는 것이다. 또한, 서로의 찐 팬이 되어 비즈니스를 협업하면서 동반 성장할 수 있는 기반을 마련해주는 것이다. 난 항상 수강생들한테 나를 뛰어넘는 성공자가 되고, 꼭 이다음 성공해서 여행도 보내주고 맛있는 것도 사달라고 얘기하곤 한다. 교육과정이 끝나면 정리되는 인간관계가 아닌 찐으로 소통하고 성장을 축하하고 함께 성공할 수 있는 그런 관계가 되기를 원한다. 그것이 내가 고객에게 줄 수 있는 가치라고 생각한다. 정보가 넘쳐나는 시대, 상품을 판매하려 하지 말고, 나를 판매해야 한다. 그러기 위해서는 퍼스널 브랜딩이 되어야 하고, 내가 추구하는 가치가 고객에게 명확하게 전달이 되어야 한다.

지금도 나의 콘텐츠가 무엇인지 모르고 고민하시는 분들, 어떻게 차별화를 해야 할지 막막하신 분들이라면 다시 한번 깊게 생각해서 나의 아이덴티티를 명확히 하길 권한다. 단, 너무 오랜 시간 고민하고 생각하는 것은 금물이다. 우선 실행하면서 그 과정 속에서 하나씩 하나씩 다듬어가는 것이 좋다. 완벽을 추구하다 보면 시작도 못 하는 경우가 많기 때문이다.

아무 일도 하지 않으면 아무 일도 일어나지 않는다. 우선 무엇이라도 작은 것부터 시작해서 성공의 달콤함을 맛보고, 그것을 통한 경험과 지식을 교육 콘텐츠로 만들어 판매하는 것이다. 상품을 판매하는 것이 아니라 나의 가치를 판매해야 가격경쟁에서 벗어나서 오랜 시간 롱런하는 1인 기업가가 될 수 있다.

09
찐팬 1,000명 만들기

나는 블로그, 인스타그램, 유튜브, 네이버 카페 등의 SNS 채널을 운영하고 있다. 나를 브랜딩하고, 강의를 홍보하는 수단이 SNS 채널이다. 이 채널들을 활성화시키고, 콘텐츠를 축적하고, 나의 팬(블로그 이웃, 팔로워, 구독자, 카페회원)을 만들기 위해서 해야 하는 노력들은 거의 비슷하다. 모든 SNS의 성공법칙은 같다고 해도 과언이 아니다.

일관된 콘셉으로 콘텐츠를 축적하고 팬들과 소통하고, 공감이 이루어져야 한다. 만약 퍼스널 브랜딩을 목적으로 하는 1인 기업가나, 내 사업을 홍보하고 싶다면 SNS상에 나의 찐팬 1,000명 만들기에 많은 시간과 노력을 기울여야 한다. 찐팬은 나의 지지자이고, 내가 추구하는 가치를 인

정해 주는 사람들이다. 그래서 무슨 일을 하든 찐팬이 1,000명만 있다면 성공할 수 있는 기반이 마련된 셈이다.

지역 맘 카페를 운영하면서 제휴업체로부터 입점수익을 받고 있다. 나는 이 제휴업체들이 내가 그랬던 것처럼 자신만의 플랫폼을 만들어서 독립하기를 간절히 바라고 있다. 그래서 제휴업체 사장님들을 만나서 조언을 해드릴 일이 있으면 꼭 네이버 밴드, 인스타그램, 네이버 카페 등 사장님에게 맞는 플랫폼을 찾아서 꼭 운영하라고 권한다. 그리고 제휴업체로 있는 동안에 맘 카페에서 단골 고객 천명을 만들어서 독립하라고 이야기하곤 했다. 단골 고객이 매출의 대부분을 차지하기 때문이다.

그런 단골 고객이 천명이 있다면 어디서 무슨 사업을 하든, 어떤 것을 팔든 잘될 수밖에 없기 때문이다. 실제로 나의 맘 카페에 제휴업체로 들어와 계신 사장님들 중에는 밴드에 찐 팬들을 천여 명 모아놓고 수익을 올리는 분도 계시고, 인스타그램으로 찐 팬을 모아서 수익을 올리는 분도 있다. 어떤 분은 인스타그램과 네이버 카페를 동시에 운영하시는 분도 있다. 세상이 바뀌고 있다. 오프라인 매장을 운영하더라도 온라인 매장(SNS 채널)도 동시에 운영해야 여러 가지 외부의 돌발 상황에 유연하게 대처할 수 있다. 기상악화, 천재지변, 코로나 등 예상하지 못한 돌발변수들이 많은데 온라인에서는 좀 더 빠르게 대처하고, 타격을 덜 받는다.

코로나로 매장 문을 열 수도 없고, 여기저기서 사업을 포기하는 사람들이 생겼다. 하지만, 그 이면에 미리 디지털시대에 발맞추어서 준비한 사람들은 "땡큐! 코로나"를 외치며 코로나 이전보다 훨씬 더 많은 수익을 창출하고 있다. 그 차이는 바로 SNS에 나의 찐 팬을 얼마나 가지고 있느냐에 따라 달라진다.

　여기서 중요한 것은 찐 팬이라는 사실이다. 한 번도 소통한 적이 없고, '댓글'이나 '좋아요'를 남기지 않는 숫자뿐인 고객은 5천 명이 있어도 소용이 없다. 나의 이야기에 귀 기울여주고, 공감하고, 내가 추구하는 가치를 인정해 주는 단 한 사람의 찐 팬이 중요하다. 언제 천명을 만들지 심각하게 고민하지 않아도 된다. 1로부터 시작된다. 한 사람의 고객에게 최선을 다할 때 그 고객은 다른 고객 10명을 데리고 오기 때문이다. 실제로 나의 카페 활성화 강의 수강생은 본인이 듣고서 다른 사람들에게도 나의 강의를 소개해주고, 나와 협업으로 강의를 진행하기도 한다. 공감과 소통을 바탕으로 한 찐한 관계가 더 많은 찐 팬들을 만들어주게 된다. 이런 찐 팬들은 시키지 않아도 나의 제품을 주변에 적극적으로 홍보한다. 우리가 준비하는 이벤트와 행사에 빠짐없이 참여하고, 피드백도 잘해준다. 나의 별볼일 없던 찌질이 못난 시절의 모습을 다 기억하고 그 모습조차 가치 있게 봐주는 사람들이 찐 팬이다.

　광고에 비용을 들이고, 신규고객 확보에 신경 쓰기보다는 기존의 고객들을 찐 팬으로 만드는 일에 열중해보자. 한사람 한 사람에게 최선을 다

한다면, 결국 1,000명의 찐 팬이 만들어질 것이다. 팬이 하는 말에 경청하고 포커스를 맞추고, 그 사람이 나의 팬이라는 사실을 어디 가서도 자랑스럽게 말할 수 있도록 내가 멋진 사람이 되어야 한다. 또한, 신규고객보다는 기존 고객(찐 팬)을 항상 우대하고 좋은 서비스를 제공해주는 것도 잊지 말자. 찐 팬은 내가 파는 제품이나 강의를 보고 만들어지지는 않는다. 그건 그냥 고객과 사장님의 관계, 강사와 수강생의 관계일 뿐이다. 나의 스토리에 감동을 받고, 나의 가치관에 동의를 하며, 함께 성장하고 발전하고 싶은 사람이 찐팬이 된다. 나에게 스토리와 가치관이 있는지 점검해보고, 나의 찐팬 만드는 긴 여정을 떠나보길 바란다.

10
결국엔 콘텐츠다

당신의 콘텐츠는 무엇입니까? 이 질문에 한 줄로 명확하게 대답할 수 있는 사람이 있다면 브랜딩하고 수익화하기에 그다지 어렵지 않다. 문제는 많은 사람들이 자신의 컨셉과 콘텐츠를 명확하게 하지 못하고 방황하고 있다는 것이다.

실패가 부끄럽고 숨기기에 급급했던 나는 실패의 경험을 나누어야 한다는 깨달음을 얻었다. 왜냐하면, 디저트 카페를 위해 투자했던 4억이라는 비싼 수업료를 치르고 많은 경험을 하면서 더 많은 걸 얻게 되었기 때문이다. 나의 콘텐츠는 자영업을 하면서 겪었던 어려움을 여러 사람과 공유하고, 그 과정에서 배운 온라인 마케팅 지식을 콘텐츠화해서 온라인강의 시스템을 만드는 것이다. 다양한 온라인과 오프라인 플랫폼을 만들어서, 일하지 않아도 매달 수익이 들어오는 마케팅 자동화를 구축하고, 여행하면서 하루 4시간, 아니 일주일에 4시간만 일하는 삶을 사는 것이 최종 사업목표이다. 나는 지금까지 목표로 했던 것, 상상했던 것을 다 이루고 살았다. 지금은 제자리인 것 같지만 시간이 지나고 나서 돌이켜 보면 어느새 이루어져 있었다. 매일 매일 조금씩이라도 포기하지 않고 6개월, 1년, 3년, 길게는 5년까지 멀리 보고 사업을 하고, 계획을 세우고 마음껏 상상하기 바란다.

"간혹 온라인이기에 가능한 것 아니냐"라는 질문을 받을 때도 있다. 지금은 디지털트랜스포메이션이 필요한 시기이다. 오프라인 상품 역시 관점을 바꾸어서 콘텐츠로 상품을 만들면 가능하다. 물론 시행착오를 겪을 수 있고 시간이 오래 걸릴 수도 있다. 그러나, 시작도 하기 전에 "내 상품은 안 돼. 불가능해"라고 단정 짓지 않았으면 좋겠다. 항상 어떻게 하면 될까? 되는 방법을 생각하다 보면 아이디어가 샘솟고 방법을 찾게 된다.

콘텐츠를 만들고 플랫폼을 만들어서 키우려면 다음과 같은 과정을 거친다.
첫째, 포맷과 플랫폼 채널 선정하기
둘째, 타깃과 메시지 정하기
셋째, 콘텐츠를 통해서 전달할 가치 기획하기

넷째, PDCA를 실행하고 반복하고 루틴을 만들어 성공할 때까지 키우기

우선 포맷과 나의 콘텐츠에 맞는 플랫폼 채널은 어떤 것인지 생각해야 한다. 채널은 콘텐츠와 맞는 채널일 수도 있고, 나와 맞는 채널일 수도 있다. 이 두 가지를 동시에 충족시키는 채널이면 운영하기 쉽고, 성장하는 속도도 더 빠르다. 우선 1개만 집중적으로 공략하는 것을 추천한다. 처음 만든 채널이 활성화가 되고 제 역할을 할 때, 다른 채널로도 확대하는 것이 좋다. 활성화된 채널에서 다른 채널로 확대해 가는 것은 그렇게 어렵지 않다. 더 쉽게 빨리 키울 수 있다. 나중에는 결과적으로 여러 개의 채널이 톱니바퀴처럼 서로 맞물려서 돌아가야 시너지 효과가 생길 수 있지만, 처음에는 우선 한 개만 집중하길 바란다.

두 번째는 타깃과 메시지를 정하는 것이다. 내가 만든 콘텐츠를 누가 보는지, 그리고 왜 보는지? 어떤 문제점을 가지고 있는 고객이 해결책을 찾고 싶어 하는지 파악해본다. 또한, 돈을 벌고 싶은 욕망, 예뻐지고 싶은 욕망, 날씬해지고 싶은 욕망을 자극하거나, 감성을 자극하는 메시지 등, 내가 전달하고자 하는 메시지의 형태를 정해 보도록 하자.

세 번째는 가치를 담고 있는가이다. 나의 타깃에게 전달하고자 하는 메시지의 가치를 명확하게 담고 있는지 기획 단계부터 치밀하게 전략을

세워야 한다. 신뢰, 안정성이 필요한 콘텐츠라면 고객 만족 후기라든지, 사용법 같은 것을 콘텐츠로 만들면 된다. 실력과 전문성을 나타내야 하는 콘텐츠라면 "내 문제를 해결해 줄 것 같다."라는 메시지를 담으면 된다. 공감이라는 키워드의 콘텐츠라면 힘들지, 외롭지? 이렇게 살고 싶지? 라는 동질감과 감성을 자극해야 한다.

넷째는 PDCA의 실행과 반복이다. 플랫폼의 성공법칙, 돈을 잘 벌고 성과를 내는 성공자들의 성공법칙은 일맥상통한다. 6개월에서 1년 이상 PDCA를 계속해서 반복해야 한다. 그런데 요즘 사람들은 빨리 성과를 내기를 바라기 때문에 스킬을 습득하는 데만 집중한다. 그런 것은 오래가지 못한다. 본질부터, 기본부터 차곡차곡 쌓아야 오랜 시간 롱런하면서 더 크게 성공할 수 있다. 처음 시작할 때는 '그래, 나도 6개월, 1년 할 수 있어'라고 시작하지만 한 달이 지나고 두 달이 지나면 나태해지고 계속 의심이 생긴다. '이렇게 하는 것이 맞는 것인가? 아직은 변화가 없는데 정말 6개월 뒤, 1년 뒤 성과가 날 수 있을 것인가?' 의심을 하다가 3달 정도 지나면 포기하곤 한다. '에이~, 이번에도 속았네. 성과가 없네.' 이것이 일반적인 사람들의 패턴이다. 그런 사람들은 계속 스킬을 배우기 위해서 여기저기 돈을 쓰면서 기웃거리지만 몇 년이 지나도 항상 그 자리이다.

PDCA를 1년 이상 반복해야 하고, 이것을 통해서 성과가 난다 하더라도 습관으로 만들어서 계속해야 한다. 그렇다면, 콘텐츠 마케팅을 위한 PDCA는 어떻게 해야 할까?

 P : PLAN은 얼마나 자주, 어떤 주제로 콘텐츠를 업로드 할 것인지 계획을 작성하는 것이다.

 D : DO는 콘텐츠를 제작해서 실행하는 것이다. 이때는 앞에서 언급한 담고자 하는 메시지를 명확하게, 일관된 컨셉에 맞게 제작하는 것이 중요하다.

 C: CHECK는 고객 반응이나, 성과측정, 문제점 등을 체크 해보는 것이다. 이 과정에서 중요한 것이 성과측정이다. 내가 목표로 했던 수치와 성과를 비교 분석해서 문제점을 파악하는 것이다.

 A : ACTION은 위의 CHECK에서 나온 문제점과 개선사항을 다시 실행하고, 반복하는 과정이다. 이것을 꾸준하게 하면 성과는 나올 수밖에 없다. 결국 문제는 내 안에 있는 것이고, 자신과의 싸움인 것이다.

 우리가 사업을 성공적으로 하기 위해서, 플랫폼을 키워 활성화시키는 것에 신경을 써야 하는 것은 『콘텐츠』다. 타깃을 설정하고, 니즈를 파악해 콘텐츠로 제작하고 많은 사람이 볼 수 있도록 배포하는 과정이 콘텐츠 마케팅이다. 마케팅에서 성과를 보기 위해서는 콘텐츠에 집중해야 한다. 빠른 성과를 보기 위해 스킬을 배우는 것보다는 나를 브랜딩하고, 콘텐츠를 만드는 것에 집중하는 것이 늦게 가는 것처럼 보이겠지만 결국 마지막엔 웃는 사람이 될 것이다.

　나의 최종적인 목표는 주에 4시간만 일하는 것이다. 경제적 자유, 시간적 자유를 누리면서 사는 것인데, '3년 후에는 이루어지지 않을까?'하는 행복한 상상을 한다. 이 꿈을 나 혼자 꾸는 것이 아니라 이 책을 읽는 많은 독자들과 함께 하고 싶다.

1인 창업 5인 5색 스토리

1인 창업 실행이 답이다

The real business start-up

II

김시연

고객의 마음을 움직이는 학원마케팅 전문가 네이버 카페 성공하는 피아노학원 연구소에서 학원장들의 성장 을 돕고 있다. 신규 오픈 0명에서 시스템을 통해 100명 이상을 키워낸 노하우를 전한다. 초기 오픈한 원장들의 고민 상담과 학 원 성장의 구체적인 솔루션을 제공하고 있다. 현재 월 1,000만 원 벌기 프로젝트를 통해 누구나 억대 연봉을 벌 수 있다. 성장하는 원장, 꿈을 키우는 원장 만들기를 진행한다. 성공하고자 한다면 구체적인 목표설정과 실천할 수밖에 없는 환경 그리고 함께 하는 원장들로 더 성장할 수 있다고 본다.

김시연

성공하는 피아노학원 연구소 대표
브레아노피아노 대표원장

저서
〈세상의 모든 소나티네 & 콩쿠르〉
〈세상의 모든 평가문제집〉등
다수 피아노교재

:camera: https://www.instagram.com/sejongmusic/

:arrow_forward: https://www.youtube.com/channel/UC7X9B8Pk_RCFjtTe_gblr

:arrow_right_hook: https://cafe.naver.com/kokoonline

blog https://m.blog.naver.com/eyeeye11

:envelope: eyeeye11@naver.com

고객의 마음을 여는
끌리는 멘트

성공하는 피아노학원 연구소대표

01
내 생각대로 만드는 내 연봉

 내가 원하는 것이 곧, 나의 꿈이자 목표다. 누구나 꿈을 가지고 살고 꿈을 이루기 위해 노력을 한다. 나도 그랬다. 성공하기 위해 열심히 살았다. 그런데 현실은 내가 노력하는 만큼 빠르게 성공을 하지 못하는 것 같다. 열심히 사업은 하는데 도대체 뭐가 문제인지 몰랐다. 많은 사람들이 나와 같은 경험이 있을 것이다. 나도 그랬으니까. 학원사업을 20년 정도 해 본 결과 그 이유를 알게 되었다. 조금 더 빠른 효과를 볼 수 있는 방법을 이 책을 쓰게 된 이유도 나와 같은 시행착오를 겪지 않고 좀 더 빠르게 가는 길을 안내하기 위해서이다. 좀 더 안정적으로 내가 좋아하는 일을 하면서 그에 따른 대우도 받기 바라며 나의 꿈을 만들어 가 본다.

꿈은 커가면서 현실에 맞게 바뀌고 누군가의 말 때문에 포기하기도 한다. 요즘 더욱더 실감을 한다. 꿈이라는 건 꼭 어린 시절에만 꾸는 건 아니다. 나는 학원 성장을 돕는 멘토로서 삶을 살아가고 있다. 사업하는 사람들의 어려움을 알고 있기에 "월 천만 원 만들기!" 프로그램을 시작했다. 사업을 하는 건 외줄 타기라고 흔히 말한다. 즉 여러 가지 어려움을 가지고 있다는 말이다. 당신이 가지고 있는 재능을 좀 더 효과적으로 전달하는 법을 알려주고 싶다. 아직도 고객에게 매일 굽신거리거나, 이 눈치 저 눈치를 볼 것이다. 자존감이 낮은 분들도 본다. 현실과 타협을 하고 비현실적인 수입을 당연시한다. 그러면서 시대 탓, 환경 탓만 한다. 이런 모습을 보면서 어떻게 하면 더 성장하게 할 수 있을지에 대해 고민하게 되었다.

현재 전국에 있는 많은 학원장들은 이 프로그램을 도입하여 큰 효과를 보았다. 물론 처음부터 잘되지는 않았다. 꾸준한 연습과 시행착오를 겪으며 얻어진 결과다. 모든 것에는 반드시 실행이라는 키워드가 있어야 하고 행동해야 답을 얻듯이. "월 천만 원을 버는 프로그램"을 도입하자 대부분 학원장들의 만족도는 굉장히 높았다. 생각의 전환이 필요하다. 그동안 상담을 내 방식대로 했다면, 이제 철저히 심리적인 것에 근거하여 상담하는 법으로 실행하고 있다. 단순히 고객을 설득해서 내 상품을 사게끔 하는 것이 아니다. 고객이 스스로 등록하게끔 하는 방식이다.

이제부터 고객 상담 시 좀 더 효과적으로 어필하는 법, 고액 결제도 문제없고 환불 조치 없애는 방법 등, 실제 수입과 관계된 모든 것을 배워 나가고 있다. 나는 성피연(성공 피아노연구소) 대표로서 많은 학원장들의 자존감과 매출 상승의 효과를 볼 수 있는 방법을 전수해주고 있다. 이미 공부한 원장들은 결과를 내었기에 알고 있을 것이고, 아직 시작하지 않은 분들은 지금부터 시작해도 늦지 않았다. 누구나 가능하다.

아직도 예전 자신이 하고 있는 방식으로 상담하면서 "월 천 이상 수입을 벌기 원한다!"라고 한다면 책을 덮어도 좋다. 이제 그 방법은 필요치 않다. 자신의 머릿속에 자신의 한계를 두지 말며, 다른 사고로 접근을 할 때이다. 두뇌를 괴롭혀라. 이 생각을 하고 사업을 운영하길 바라며, 내 고정관념을 바꾸고 버릴 것은 버리고 새로운 방법을 도입해야 한다. 여기서 말하는 새로운 방법은 과연 어떤 것일까? 현명한 사업운영에는 어떤 방법이 존재하는가? 그동안에는 우리가 밖으로 나가서 불특정 다수에게 홍보했다. "여기 오세요. 여기 좋습니다!"라고 하면서 마치 이런 호객행위를 했을 것이다. 하루 이틀하고 그만 지쳐 더 이상 홍보를 하지 않고 스스로 '이런 건 효과가 없어!', '역시 입소문이 최고야!'라고 하면서 포기해 버린다.

어떤가. 다들 그동안 이렇게 하고 있지 않았는지? 이제는 자체를 바꿀 때이다. 우리가 홍보를 하는 것이 아니라 고객이 스스로 찾아오는 시스템, 고객이 먼저 연락을 하는 시스템으로 최고의 프로그램으로 등록하는 것이다.

많은 원장들이 '과연 그게 가능한가요. 그렇게만 되면 너무 좋겠네요'라고 얘기를 한다. 그럼 어떻게 해야 할까? 사람은 엄청난 고통을 받지 않는 한 머리를 한 대 맞은 듯한 임팩트가 없으면 그게 되겠어? 라며 움직이지 않는다. 왜? 믿고 싶지 않고 쉽게만 가려고 하니까 그렇다. 새로운 변화에 노력하고 싶지 않은 마음 그것 때문이다.

어느 분야든 1, 2인 자들만 기억하는 세상. 온라인 시장에서도 네이버와 카카오만 기억하고 작은 플랫폼들은 잘 모르지 않는가. 학원시장도 마찬가지다. 잘 생각해보면, 내 사업은 과연 1, 2등 안에 드는지, 소비자들 사이에서 인지도는 과연 어느 정도인지, 언제나처럼 똑똑한 사람들만 그 시장을 다 먹고 있지 않은가.

나도 그랬다. 내가 운영하는 연구소 주변에 비슷한 곳이 많다. 이렇게 치열한 시장에서 나는 어떻게 이 사업을 알리게 되었을까? 누구나가 다 하는 그저 그런 솔루션으로 활동했다면, 아마 그랬다면 내가 지금 전국의 원장들을 교육하고 있는 상황은 없었을 거다. 현재 공부를 하려는 전국의 많은 학원장들의 성장이 말해주고 있다. 이제 당신 차례이다. 당신도 할 수 있다. 내 안의 두려움만 없애고 할 수 있다는 자신감을 가지는 것부터 시작하라! 그다음, 시스템으로 들어오면 된다.

"월 1,000만 원 버는 시스템!"은 있다. 똑같이 일을 해도 어떤 사람은 월 천만 원 이상 벌고 어떤 사람은 겨우 현상 유지에 급급한 경우가 있다. 각자 사업방식이 다르기 때문이다. 정확히 말하면 마인드 자체가 잘못되어 있어서 그렇다. 본인 스스로가 '나는 이 정도면 되지'라는 마인드를 가지고 사업하는 사람, '그냥 놀기 뭐해서 직원 월급보다 조금 더 벌면 된다.'라는 생각으로 사업을 운영한다.

이것만 진정 그들이 원하는 삶일까?

하루 6시간 일하는데 지금보다 2, 3배 더 벌면 안 되는 것인가? 사업을 하는 데 있어 좀 더 체계적으로 나의 몸값을 올리고 효율적으로 운영을 한다면 어떨까? 아직 이 비법을 모르는 학원장들이 많다. 그런 부분에서 너무나도 안타까운 마음이다. 내 연봉은 내 생각대로 만들 수 있는데 말이다.

관점에 따라 매출은 얼마든지 달라진다

원장들의 컨설팅을 진행하다 보면 자기 자신의 위치를 파악하지 못하는 경우를 많이 본다. 모든 건 내 스스로 결정을 할 수 있다는 얘기다. 나의 수업 커리큘럼, 나의 모든 것들, 모두 말이다. 왜, 그동안 끌려다녔는가. 뭐가 나 자신을 두렵게 만들었는가. 성피연(성공피아노연구소)에서 함께 공부하는 원장들은 고액 수강프로그램, 그리고 장기 프로그램 등록시키는 방법을 안다. 즉, 1달 수강을 1년 수강으로 결제하고 등록하는 것이 가능하다. 고객으로 하여금 이득을 주고 상담의 패턴만 바꾼다면 이 모든 것이 가능하다. 고객과 나의 위치를 바꾸고 나의 포지셔닝을 바꾸는 것만으로도 충분히 좋아진다.

이것이 첫 시작이라고 할 수 있다. 사업의 주인은 누구인가 바로 나다.

그럼 그곳의 룰은 누가 만들 수 있는가. 바로 나이다. 그러니 지금부터 하나씩 바꿔가길 바란다. 학원 사업방법도 많이 바뀌어야 한다. 변화되지 않으면 뒤로 밀린다. 어제 잘 되던 사업이 한순간 흔적도 없이 사라지는 시대에 살고 있다. 빠르게 변화하는 교육에서 속도를 잡는 사람은 성공을 한다.

고객이 오면 자세부터 어떠한가? 친절을 기본 모드로 하면서 친절만이 좋은 것일 거라고 생각하고 내 상품 프로그램을 설명한다.

이유는? 그래야 등록을 할 테니까.

맞는가? 틀렸다.

예를 들어보자. 당신이 아이의 선생님을 찾는다고 가정해보자. 단순히 친절한 사람을 찾을까? 아니면 내 아이의 실력과 모든 것을 잘 지도해 줄 것 같은 멘토 스승을 찾을까?

당신이 만약 다리가 아파서 병원을 찾았다고 하자.

병원에 친절한 의사와 나의 아픈 다리를 잘 치료해 줄 것 같은 의사 중 누가 더 전문가 같이 느껴질까? 누가 더 믿음이 가는가?

답은 누구나 같다. 그렇다. 단순히 '친절한 원장이 아닌 전문가 포지셔닝을 해야 된다!'는 것을 말하고 싶다. 전문가 포지셔닝은 어떻게 하는 걸까? 아마도 전문가로서 포지셔닝을 한다고 생각하면 상담 시 어떠한지 한번 자세히 생각을 해 보자. 아마도 등록을 시키기 위한 몸의 언어가 더 반응을 했을 것이다. 당신이 한 번도 생각하지 않았던 부분들이라 그렇게 하고 있는지조차 모를 것이다. 원장과 상담을 하다 보면 참 특이한 점을 많이 발견한다. 수업의 퀄리티는 굉장히 좋음에도 불구하고 어필을 못 한다는 것을 발견한다. 왜 그럴까? 이유를 생각해보자.

내가 원하는 것을 제안했을 때, 혹 거절을 당할까 봐 두려워서 제시조차 못한다. 그래서 한 달 한 달 수강료를 받는 것 보다, 1년씩 수강료를 받으면 더 잘할 수 있느냐라고 되묻는다. "물론 그럴 수 있다"라고 말한다. 그럼 어떻게 1년 결제를 할 수 있을까?

고객이 왜 배우고 싶은지, 이것을 통해 어떤 것을 이루고 싶은지, 어떻게 더 좋아지고 싶은지에 대해서 질문하는 것이 중요하다. 스토리로 풀어본다. 이 수업의 가치를 통해 얻을 이득을 스토리로 풀어라. 당연히 1년 결제도 쉬워진다. 1년 동안 모든 것을 다 태워 열심히 지도하는 것은 물론이다. 여기에 그 사람에게 목표의식을 넣어주었기 때문에 더 열심히 할 수 있는 환경을 만들어 주는 것과 같다. 예를 들어 대학에 가고 싶은 학생이 단순히 열심히 공부만 해서 대학을 갈 수 없다. 내면에 두려움을 없애주고 잘할 수 있다는 동기부여와 함께 공부하는 방법을 알려 줘야 하는 것처럼. 즉 멘토가 되어서 케어까지 해 줄 때 더 효과적이다.

누구나 사업을 잘 운영하고 싶어 한다. 그럼에도 힘들어하는 것이 대부분은 안일한 사고방식을 가지고 있다. 그냥 열심히만 하면 고객이 언젠가는 알아주고 언젠가는 입소문을 타고 올 것이라는 착각을 한다. 즉, 사업을 시작하기 초반부터 어떻게 풀어가야 할지 메뉴얼이 없다는 뜻이다. "열심히 하면 되겠지." "잘 될 거야." 아무런 근거 없는 자신감으로 시작을 한다. 무턱대고 하면 된다고 생각만 한다. 생각에는 반드시 실행이 따라야 한다. 모든 세상 법칙은 근거가 있다.

사업이 잘되는 사람의 특징은 어떨까? 첫 고객과의 만남은 어디에서 이뤄질까? 블로그, 카페, 인스타그램 등 나를 알리고 홍보를 한다. 플랫폼의 글을 어떻게 써야 할까? 말의 힘을 아는가? 내가 하는 멘트에 따라서 고객을 설득할 수 있다. 수도 없이 SNS 속에서 많은 글을 본다. 어떤 글은 끌리고 어떤 글은 묻히고 만다. 말도 그렇다. 내가 하는 멘트 하나가 고객을 쫓아버리기도 끌어당기기도 한다면 어떤가? 고객과의 첫 대면 상담 모습을 계속 상상하고 연구하고 있는가?

'어떻게 하면 나의 대화에 고객이 스스로 결정을 할까?'
'어떻게 하면 내 이야기에 귀를 기울일까?'

고객을 사로잡는 한마디 멘트는 무엇인지 고민을 해야 한다. 첫 대면에서 고객이 왕이라는 생각에 잡히지 말아야 한다. 우리는 고객을 만나고 그 사람의 고민을 해결해 주는 멘토이다. 즉, 전문가다. 이 교육을 통해서 단순히 가르치는 것이 아닌, 좀 더 먼 미래까지 큰 그림을 그려

쥐야 한다는 것이다. 그랬을 때 좀 더 신뢰를 하고 감사해하면서 찐 소통이 된다.

"여기까지 오시느라 고생이 많으셨어요, 제가 잘은 못해도 한번 상담해 드릴게요"

"이렇게 좋은 자리, 우리 상담이 더 효과를 보겠네요, 앞으로 기대하셔도 좋습니다."

어느 쪽이 더 끌리는 멘트 인가!, 어느 쪽 멘트가 더 매력적으로 어필을 하는지 생각해보라.

가끔 포지션이 안 좋거나 애매모호한 원장을 본다. 수업료도 너무 저렴하게 책정하고 호칭도 애매모호한 관계로 갔다면? 이렇게 하면 고객도 만족을 못 하고 열심히 가르쳤음에도 불구하고 만족을 못 한다.

나만의 독보적인 프리미엄 프로그램을 해야 한다. 다양한 프로그램을 만들어야 한다. 똑같은 프로그램을 만들기에 비교 대상 경쟁상대가 많다. 비교군 자체를 만들지 말라. 컨설팅을 하다 보면 가장 많이 듣는 질문 중 하나가 가격전략을 궁금해한다. 가격의 차별점을 주고는 싶고, 좀 더 특별한 것은 가지고 있지는 않다! 라는 것이다. 이렇게 되면 소비자 입장에서는 그저 그런 뻔할 수밖에 없지 않겠는가. 절대적으로 남과 비교되지 않는 나만의 콘텐츠 개발에 힘을 써야 한다.

나에게 투자를 해라! 여기서 말하는 투자는 매번 인테리어를 바꾸라는 의미가 아니다. 좀 더 전문적인 공간 배치 교육기관처럼 만들라는 것이다. 입구부터 불편한 곳을 많이 볼 수 있다. 어쩌다 한번 방문하는 고객 입장에서는 다 보일 수밖에 없다. 지인 중에 한번 방문해 보라고 해보라. 제3자의 눈으로 첫 방문을 하면 바로 알 수 있다.

실행력을 체크 해보라! 어느 분야든지 실행하는 자와 실행하지 않는 자의 차이가 날 수밖에 없다. 내 것으로 소화하지 않으면 아무런 효과가 없다. 인풋을 했으면 반드시 아웃풋을 하라. 나의 자존감은 어느 정도인지 한번 보자! 모든 건 생각의 전환으로 시작을 한다. 고정관념을 바꾸고 실행을 하는 것부터 바꿔야 한다. 누구나 다 1년 차가 있다. 연차가 모여 10년 차가 된다. 내가 초보라서 안 된다가 아니라 조금씩 업그레이드를 하면서 경험을 녹여라. 더 이상이건 핑계가 될 수 없다. 그 분야에서는 전문가이다. 좀 더 당당히 상담을 하라! 관점을 바꾸면 매출은 달라진다.

03
성공하려면 멘토를 만나라

원장과 대화를 나누다 생각난 분이 있다. 잘되고 싶은 마음은 있는데, 스스로 투자에 대한 믿음은 없었다. 그 시간에 다른 일을 하고 있다. 평소에 한산하다. 나는 새로운 프로그램을 소개해 줄 테니 도입하라고 했다. 그랬더니 두 가지를 말한다.

첫째, 여기는 그것을 잘 적용 못 해요. 둘째, 도입하려면 경비가 드는데 투자할 돈이 없다는 것이다. 원장과 상담을 많이 하다 보면 이런 얘기도 들을 때가 있다. 일과를 마친 후 다른 일을 다닌다고 한다. 학원을 운영한 지, 몇 달 채 되지 않았다.

"그럼 더 열심히 운영에 힘을 써야 하는 거 아니냐고!" 반문한다. 지금도 안 되는데 몇 개월만 더 운영해 보고, 그때 결단을 내리겠다고 한다.

이 대화에서 무엇이 느껴지는가? 이미 몇 개월 후 문을 닫을 것을 지금 결정하고 있다는 것을 알 수 있다. 시작도 쉽듯이 포기도 쉽게 한다. 그렇다. 오래 한 사람이나 이제 시작한 사람이나 결국 마인드에서는 똑같다. 예를 들어 식당 주인에게 새로운 메뉴를 권한들 투자할 맘도 용기도 없으니 신메뉴를 줘도 시도조차 안 하는 것처럼. 결국, 새로운 메뉴를 추가해서 팔아야 하는데 그릇을 새로 사기 아깝다고 안 파는 것과 같다.

대박집은 아주 먼 곳에 있어도 필요하면 줄을 서서 음식을 기다린다. 대박집이 우연히 되는 게 아니다. 메뉴를 개발하기 위해 투자와 노력을 무수히 한 결과다. 손님의 기호를 맞추고 개발하기 위해 투자한다면 분명 결과가 나온다. 메이커는 처음부터 메이커가 아니다. 그만한 노력과 콘텐츠의 고민이 있었다. 똑같이 사업을 하면서 매출이 늘지 않는다는 건 말이 안 된다. 아인슈타인이 이런 말을 했다. "어제와 똑같이 살면서 다른 미래를 기대하는 것은 정신병 초기증세이다."라고.

나 자신에게 투자하기를 주저한다면 힘이 다 소진할 때까지 다른 부업을 하면서 지내야 한다. 교육받은 것에 대해서도 비용과 시간을 사용함에 거부감이 크다. 결국, 기회비용을 투자하지 않고서는 원하는 결과물을 얻을 수 없다. 10만 원 투자하면 10만 원만 버는 것이고 500만 원을 투자하면 500만 원 그 이상을 더 벌 수 있는 것은 사실이다. 단지 돈뿐만 아니라 결과물을 원하며 그 결과만큼의 시간이든 돈이든 노력이든 투자가 필요하다. 시간을 어떻게 보낼 것인가. 시간과 어떤 것을 바꿀 것인가. 그 시간에 내가 운동을 하면 시간과 운동을 바꾼 것이고 그 시간에 도움 되는 일을 실행했다면, 그 결과물을 바꾼 것이 될 것이다. 당신의 인생에서 그동안 얼마나 열정적으로 살아봤는지? 묻고 싶다. 나 자신 스스로에게도 이 질문을 하면서 많은 것들이 채워졌고 결과를 만들어냈다.

나의 몸값을 올리는 방법을 연구하라. 우리가 수익을 올리는 방법에는 여러 가지가 있다. 시간을 써서 하는 노동 수입이 있고 또는 레버리지를 활용하는 방법이 있다. 여기서 내가 말하고 싶은 것은 시간을 쓰는 노동 수입도 나의 몸값을 올리는 방법이 있다는 것이다. 시간당 1만 원을 버는 사람과 시간당 100만 원을 버는 사람과의 차이점을 혹시 아는가? 부러워만 하지 말고, 어떻게 하면 나도 저렇게 올릴 수 있지? 라고 생각하고 연구를 해 볼 필요가 있다. 그 생각에서부터 모든 건 시작이 될 수 있다는 것을 알아차려야 한다. 내 몸값을 올리려면 그 분야에 대해서 투자하라.

가장 좋은 방법은 멘토를 찾는 것이다. 멘토를 처음부터 찾을 수 없다면 책과 유튜브를 통해 먼저 만나고 공부하라. 그리고 자신에게 딱 맞는 멘토를 만나는 걸 추천한다. 책과 영상에서 모든 것을 다 표현하긴 어렵다. 1대1 멘토를 만나는 것이 가장 빠른 성공의 길이다. 학원을 운영하면서 굉장히 많은 스승을 찾아다녔다. 이제는 학원사업이 단순 사업이 아닌 기업처럼 운영을 하고 있다. 내가 없이도 돌아가는 시스템이다. 교육 사업이 가능하게 하려면 얼마나 많은 것을 정비하고 기획해야 할까. 누구나 어렵다고 했던 것도 해 보고 나니 가능하다는 것을 알 수 있었다. 당신이 지금은 작게 운영을 하고 있겠지만, 언젠가 기업형으로 변화하고 싶다면 반드시 필요한 것이 시스템이다. 그 시스템을 만들기 위해서도 꼭, 배움에 투자를 하라. 나에게 투자하는 것이 제1원칙인 것이다.

처음, 부자 되는 법에 대해서 공부를 시작했을 때 설레어 잠을 잘 수가 없었다. '세상은 아는 만큼 보이는구나! 빠르게 자수성가한 부자들은 이런 생각법을 가지고 있었구나! 부자들은 이런 방법으로 성공했구나!'를 알았다. 그 마법 같은 공부를 하고 신념을 가지고 그 법칙대로 적용을 했다. 철저한 자기 시간 관리를 통해서 목표를 설정했다. 목표를 잘게 쪼개고 장기 중기 초기 목표를 정한다. 그리고 더 작게 한 달, 한주, 하루 미션을 세세하게 적고 실행을 한다. 고객을 만나기 전, 어떤 마음으로 어떤 말을 할지 자기 암시를 하는 것도 잊지 않았다. 중요한 건 "이미 이분은 우리 고객이야"라고 생각하고 상담을 이끄는 것이 중요하다. 매일매일 상담 멘트를 연습했다. 자연스럽게 리드할 수 있을 정도로 몰두했다. 말에는 부를 끌어오는 멘트가 있다. 같은 말을 해도 결과가 확연히 달라지는 경험을 했다.

A: "아~ 이 얘기를 하면 기분 나쁘시겠지만……"

이렇게 이야기를 풀어간다면 어떤 느낌이 들까?

아마 이야기를 다 듣기도 전에 누구라도 마음이 상했을 거다. 보통 예의를 지키면서 얘기를 한다고 이렇게 시작을 한다. 상대방에게 부탁한다고 치면 더욱더 쓰면 안 되는 표현이다. 그럼 어떻게 하면 더 좋을까?

B: "아~00 님~ 제가 조금 도움을 드리고 싶어서 어떤 상황인지 먼저 좀 들어보고 싶네요~"라고 얘기를 시작한다면 내가 혹 놓치고 있는 부분은 없는지 기분 좋게 첫 시작을 할 수 있다.

이처럼 말하는 것도 방법이 있다. 우리가 강의를 잘하려고 스피치를 따로 연습하듯이 고객과의 만남에서 어떤 단어를 쓰는지에 따라 호감도가 올라간다. 즉 말을 어떻게 하느냐에 따라 매출은 달라진다. 그 시작을 통해 부를 끌어올 수도 밀어낼 수도 있다. 나 스스로에게 과감하게 투자할 줄 알아야 하고 나만의 멘토를 찾아 승부를 띄워라!

04
골수팬을 만드는 브랜딩 능력

지금 현재 사업을 하고 있는 원장들은 이미 고객이 나의 팬일 확률이 높다. 그럼에도 불구하고 감사해하지 않고 계속 신규고객에게만 목을 맨다. 그러면 어떠한 상황이 벌어질까. 현재 팬에게도 많은 애정을 쏟아야 한다는 것을 잊어서는 안 된다. 그리고 만족하는 좋은 후기도 분명 있을 것이다. 나에게 만족을 하고 프로그램에 만족을 한다는 것이다. 이걸 그냥 넘기지 말라고 말하고 싶다.

즉, 사회적 증거를 활용해라. 이미 제도로 된 티칭 능력이 있다는 전제조건에서 만족을 하고 있는 부분을 홍보에 적극적으로 활용을 해 보라는 것이다. 수많은 후기를 SNS에 블로그에 그리고 상담 파일에 다 녹여서 나만의 콘텐츠를 개발하라는 것이다. 우리도 온라인 쇼핑몰에서 물건을 구입

할 때 그전에 샀던 사람의 후기를 보고 구입하지 않는가. 그러니 적극 활용해 보라는 것이다. 성과를 만들었던 후기, 재밌는 후기, 고객의 높은 만족도의 후기 등등 모든 사회적 증거를 활용하여 적극적으로 나를 알려보길 바란다. 이것이 전단지 10,000장 뿌리는 것보다 훨씬 더 효과가 좋다.

고객을 내 팬으로 만들어라. 마케팅의 원리 중 여러 가지 방법이 있다. 자주 보면 신뢰한다는 말이 있다. 온라인상에서 그리고 오프라인상에서 내 고객과 얼굴을 자주 보는 것이다. 그러면 당신을 더 많이 신뢰하고 더 많은 성장에 도움이 된다. 고객에게 이득을 주고 감사하게 하라. 신뢰를 주면 나를 더 믿고 더 많이 홍보해주는 것을 마다하지 않는다. 고객의 입을 통해서 전달이 된다. 우리가 TV에서 연예인을 보면 어떤가. 자주 얼굴을 봤기에 좋은 이미지를 가지고 좋은 느낌을 가지는 것이다. 어떤 방송에서 물건을 판다고 하자. 내가 좋아하는 팬이라면 권하는 물건을 살 확률이 훨씬 높다. 즉, 그를 신뢰하기 때문이다. 기업은 앞다투어 잘나가는 연예인을 엄청난 광고료를 지불하고도 모델을 쓰는 이유이다.

온라인상에서 나를 많이 노출해라. 처음 상담에서부터 나를 알고 오게끔 하는 것이 중요하다. 미리 신뢰를 얻는 것이 바로 브랜딩이다. 잠재의식으로 들어가서 자극해라. 내 사업을 홍보하는 데 있어서 보통 많은 홍보물을 뿌리면 많은 사람들이 본다고 생각을 한다. 과연 그럴까. 수많은 홍보물을 보고 바로 전화로 상담을 하러 가는가. 홍보물에도 고객이 심리를 잘 전달할 수 있는 방법으로 가야 한다. 나에게 스스로 찾아오게 해야 한다. 방문을 먼저 하는 것이 더 중요하다. 이득 제시로 끌리는 문구를 통해 나에게 체험을 먼저 하는 게 중요하다.

보통은 내가 가지고 있는 프로그램을 먼저 세팅을 한다. 하지만 내가 하는 방법은 반대이다. 먼저 사람을 모으고 그들의 니즈를 파악한 후 고객이 원하는 상품을 제공한다. 세상에서 가장 쉬운 게 사람을 모으는 것이다. 우리가 알고 있는 수많은 대기업들은 이렇게 먼저 했다. 먼저 사람을 모았다. 먼저 사람을 모으고 그곳에서 좋은 정보를 제공하고 마음껏 활용할 수 있는 것을 제공했다. 사람을 먼저 모으면 그곳에서는 수많은 것을 만들어 낼 수 있다. 작은 사업도 마찬가지이다. 방법을 조금 바꿔볼 필요가 있다.

사람을 먼저 모으면 내 사업의 위험은 지극히 낮아진다. 고객은 '여기가 딱 맞춤인 내가 찾는 곳이야!'라고 생각을 한다. 나를 알리는 방식도 바꿔보자. 즉, '여기 등록하세요'가 아니라 앞에서도 말했듯 고객이 스스로 찾아오게끔 해야 한다. 이제 더 이상 등록을 강요하지 않아도 된다. 나를 알릴 문구, 카피라이팅도 어떤 글에 반응이 높은지에 대해 데이터를 수집해 보자.

좀 더 구체적으로 알아보자. 어떠한 광고를 봤는데, 눈길을 더 사로잡는 문구가 있다면, 클릭을 부르는 방법이 있다면 어떻게 할 것인가. 사람은 생각보다 이성적이지 않다. 각자의 고민 들이 있고, 그 고민에 대한 것을 질문으로 끌어내고 그에 대한 해답을 주면 된다.

먼저 가두리를 만들어라. 앞에서 언급했듯이 수많은 기업들은 다 이런 방법을 썼다. 불특정 다수에게 내 상품을 알리는 것이 아니다. 내 사업의 콘셉트에 맞게 나의 고객을 먼저 나의 플랫폼에 들어오게 하는 것이다. 고객이 궁금해하는 것, 얻고 싶은 정보를 먼저 주면 좋다. 즉 이득을 먼저 주는 것에서부터 시작을 하라는 것. 정보를 많이 제공하고 실제로 도움을 많이 줘도 좋다. 그다음 나의 팬을 만들어라. 팬이 되려면 많은 정보와 좋은 콘텐츠를 제공해야 한다. 또한, 넘치도록 감동하도록 많이 주어야 한다. 우리는 고객을 설득해서 등록하게 만드는 것이 아니다. 고객에게 감동을 주고, 그 감동에 힘입어 고객이 스스로 구매하는 방법으로 가야 한다.

모든 것은 생각의 전환으로부터 시작된다. 성피연(성공 피아노연구소) 교육 중에 고정관념을 깨주고 끌리는 멘트 상담기법을 쓴다. 처음 강의를 듣는 원장님들은 다들 과연 될까? 라며 반문을 하지만 이내 역시 되는 거였네 하고 고개를 끄덕인다. 바로 그 고정관념을 깨 주었기 때문에 가능하다. 말이라는 것은 보이는 게 전부가 아니다. 같은 상황이라도 어떻게 전달을 하느냐에 따라 많이 다른 결과를 가져온다. 어떻게 보고 어떻게 해석하느냐에 따라 달라진다는 것이다. 골수팬을 만드는 브랜딩 능력은 생각보다 쉽다.

05
마인드와 세일즈 능력을 길러라

더 이상 끌려다니지 마라. 코칭 하다 보면 의외로 자신이 하는 상담법이 잘못되었다는 것을 인지하지 못한다. 사람의 마음을 어떻게 편하게 하는지, 어떻게 이야기를 이끌어 가야 하는지는 배운 적이 없어서다. 나도 그랬다. 초보 강사 시절에 상담에서 고객을 만나는 것 자체를 두려워했다. 지금 초보 원장들을 만나면 그때, 내 모습을 보는 것 같다. 그래서 더욱더 충분히 그 마음을 공감한다. 그럼 더 이상 끌려다니지 말고 상담을 하려면 어떻게 해야 할까 생각해보자.

여기에서 가장 중요한 것은 마인드 세팅이다. 고객이 원하는 것을 제공하고 삶이 더 풍요로워질 수 있도록 돕는 멘토다. 삶을 더 좋게 자신감을 향상시킴으로서 자존감까지 높여 주는 더 좋은 환경을 만들어 줄 수 있는 멘토. 훌륭한 일을 하는 사람들이다. 그러니 자신감을 가지고 멘토로써 상담을 하면 된다. 가게에서 물건 하나 팔면 하나의 이득이 생기는 그런 장사를 하지 말고, 멀리 보고 크게 보고 나 자신을 세팅하라고 말해주고 싶다. 이렇게 중요한 콘텐츠를 전달하는데 마인드의 중요성은 말할 필요가 없다. 내가 자주 언급하는 부분을 말하자면 상담이 들어오면 '이미 우리 고객이야!' 하는 마음으로 상담을 하라고 한다. 상담을 하고도 클로징에서 자꾸 놓치는 이유는 등록에 목을 매는 급한 모습을 엿보였기에 그렇다.

돈을 못 버는 이유, 사업이 잘 안 되는 이유가 바로 이런 근성 때문이라면 억울하지 않을까? 또 하나는 스스로 가지고 있는 재능을 너무 과소평가하는 데 있다는 것이 문제다. 돈을 많이 벌 수 있음에도 불구하고 "스스로 나는 이 정도면 돼!"라고 세팅한다는 것이다. 이런 문제의 마인드를 깨주고 다시 세팅해주면서 본인 스스로 월 천 이상 벌 수 있다! 라는 사실을 인지하라.

부자가 되려면 부자 마인드 부자 시스템으로 가서 일을 해야 한다. 사업을 하는 대부분의 사람들은 지금 현재 상황의 어려움을 호소한다. "열심히 하는데 왜 고객이 몰라주는지, 왜 고객이 안 모이는지 모르겠어요." 나름 잘 가르치는데 왜 인원이 안 늘어나는지? 모르겠어요! 라면서 현재 상황을 말한다. 단 30분만 얘기해 봐도 왜 돈을 못 버는지, 왜 고객이 안 모이는지, 왜 돈을 밀어내는지 알 수 있다. 즉 가난한 마인드를 본인 스스로 장착을 하고 있는 것을 알 수 있다.

우리는 살면서 수많은 성공을 했다. 그럼에도 모르고 산다. 태어난 것도 성공이고 처음 말한 것, 처음 걸은 것, 처음 학교에 간 것 등등 수많은 성공 스토리가 있다. 수많은 성공을 했음에도 자존감이 너무 낮은 것이 문제다. 자존감을 상승시켜서 스스로 성공의 확률을 높이는 것이 더 중요하다. 자존감을 회복하고 돈을 부르는 원리를 배워나가는 것이 필요하다.

상담에서 "세일즈 능력"이라는 것은 어떤 것을 의미할까? 다들 고상해서 세일즈는 못한다고 한다. 왜 그렇게 생각을 할까? 그건 가지고 있는 프로그램이 별로일 때, 즉 내가 가지고 있는 콘텐츠가 별로 일 때, 내 입으로 얘기해서 팔아야 하나? 라는 마음에서 오는 결론이다.

그럼 나는 묻는다.
"수업에 자신 없으신가요?"
"아니요. 제가 얼마나 잘 가르치는데요. 성과도 많이 만들었는데요."
"아 그렇군요. 그런데 왜 자신이 없다고 하실까요!"
"글쎄. 왠지 낯간지러워서…"
그렇다. 교육자라는 마인드가 워낙 강하기에 스스로 고객이 와서 등록을 해주기를 바라고 있다. 하지만 세상은 자기 PR을 안 하고는 어떠한 것도 아무도 알아주지 않는다. 지금 온라인 시대에 자기 PR을 하기에 너무도 좋은 환경에 살고 있다. 내가 가지고 있는 상품이 훌륭 하다는 전제조건에서 고객에게 이득을 주고 잘 어필하면 되는 것이다. 오는 상담만 하고 들어오는 상담조차 클로징을 못 한다면 과연 1년 후 5년 후에는 어떻게 될까 생각을 해 보자. 세일즈는 누구나 다 하는 것이다. 아이가 엄마에게 자기가 원하는 물건을 선물 받기 위해서 얘기하는 것도 세일즈이고 친구는 아이폰을 가지고 있고 본인은 핸드폰이 없다면 이 아이는 핸드폰이 있으면 좋은 점에 대해서 엄마에게 세밀하게 어필을 할 것이다. 단순히 사달라고 조르는 것이 아니라.

원장들은 기본적으로 상담을 한다. 더 좋은 상담은 가지고 있는 프로그램 설명을 자세하게 해서 등록하게 하는 것이 아니다. 내 말은 최대한 작게 했음에도 불구하고 고객이 스스로 등록하겠다고 하는 것이 좋은 상담이다. 좋은 콘텐츠를 가지고 있다면 그것에 호기심을 유발할 수 있는 고객 질문을 통해서 고객 본인 스스로 등록하겠다는 의사를 표현하는 것이 필요하다. 이는 세일즈 능력이 매우 크게 작용한 솔루션이다. 같은 상황이지만 어떻게 말을 끌고 가느냐는 너무나 다른 결과를 가지고 온다는 것을 알아야 한다.

06
내가 원하는 방향으로 대화를 이끄는 기술

결국 모든 건 상담 멘트다.

고객과의 상담에서 무조건 내 말에 YES를 한다면 어떨까? 고객을 당신의 열성 팬으로 만들 수만 있다면?

내가 하는 한마디 한마디에 감사하고 앞으로 잘 부탁한다고 인사를 받는다면 아마도 사업을 하는 데 있어 신명 나게 할 것이다. 상담 시 세심하리만큼 중요한 부분은 자꾸 반복을 해라. 상담을 할 때 긍정적으로 동조를 했다면 계속 동조할 가능성이 크다. 그 말에 계속해서 동의를 하게 될 것이다. 그럼 고객에게 YES가 나올만한 질문은 어떤 것이 있을까?

학원 예시를 들어보자.

"어머니~아이가 이왕이면 좀 더 빠르게 효과적인 교수법으로 레슨을 받

"으면 좋으시죠?"

"어머니~우리 아이가 언제 어디서든 자유자재로 피아노 연주가 가능하다면 좋은 거잖아요?"

"어머니~1년 후, 연주회장에서 아이가 200명도 넘는 공연장에서 콩쿠르를 한다면 좋으시겠죠?"

자, 어떠한가? 여기에 NO라고 얘기를 할 사람은 아무도 없을 것이다. 누가 들어도 당연한 말이다. 세상에 어느 부모가 자신의 아이에게 딱 맞는 교수법으로 지도를 한다고 하는데 싫다고 하는 사람이 있을까? 피아노를 배워서 언제 어디서든 자유자재로 연주한다면 그 얼마나 멋진 일인가?

또한, 지극히 당연한 말을 계속해서 묻고 고객의 동의를 구하는 것이 중요하다. 자연스럽게 내 주도권으로 이야기를 풀어가고 그러다 보면 자연스럽게 고객의 니즈를 들을 수 있다. 여기서 또 하나 중요한 것은 상담 시 중요한 포인트는 여러 번 더 반복적으로 말하는 것이다.

"우리 학원은 아이들에게 더 더 더! 많은 혜택을 주기 위해 끊임없이 노력합니다."

"어머님께서 우리 학원을 선택하는 순간, 아이는 더욱더 모든 면에서 최고가 될 것입니다."

이렇게 학부모님과 상담 시 내가 중요하게 생각하는 단어를 반복함으로

써 더 편안함을 느끼도록 만든다. 즉, 나의 말에 "YES"를 하도록 습관을 만들어라. 그렇다면 상담은 더욱더 빛을 발한다.

내가 대화 기술을 알고부터 인생이 편안하고 가정도 편안해졌다. 그전에는 남편이 이런 이야기를 하면 '그다음은 이럴 것이야'라고 짐작을 하면서 대화를 했다. 그러면서도 내 속마음 밑바닥에서는 자연스럽게 화가 올라오곤 했다. 결국, 모든 건 내 안에 있다는 것을 깨달았고, 인정한 후 삶이 변화되었다. 고객과의 대화도 마찬가지이다. 이런 반응을 보이면 그 후에 '등록 안 하고 갈 것이다'라고 생각했던 모든 것들을 바꾸기 시작했다.

첫 시간은 상담을 들어가기 전에 나의 마인드부터 세팅하는 것이 좋다. 그리고 우리의 훌륭한 콘텐츠를 어떻게 하면 더욱 효과적으로 전달을 하고 더 좋아지게 만들까?
1년 후 좋아질 고객의 모습을 보여주자! 그런 마음을 먹고 첫 상담을 이끌면 자연스럽게 이야기의 주도권도 내가 가져올 수 있다. 고객에게도 더 많은 이득을 줄 수 있다. 앞에서도 말했지만, 이미 우리 고객이라고 생각하고 좋은 방향으로 이끌어 오면 되는 것이다.

그런데 다들 어떻게 상담을 하는지 볼 필요가 있다. 최고의 상담을 잘하는 사람은 절대 처음부터 들이대지 않는다. 잘 생각해야 할 부분이다. 상담이 들어왔다면 어떻게든 지금 바로 상담 등록으로 이어지게끔 눈에서

레이저가 발사된다. 상담 초기에 이런 실수를 많이 한다. 프로그램을 말하고 싶고 등록시키고 싶어 한다. 그리고 기회가 왔다 싶으면 이야기를 정성을 다해 쏟아낸다. 여기서 나는 참으라고 강하게 말하고 싶다. 상담에서 가장 중요한 것은 고객과 나의 신뢰를 쌓는 것이기 때문이다.

상담 시 프로그램 설명보다 더 중요한 것이 바로 나에게 믿음을 줄 수 있는 신뢰를 쌓는 것. 상담 시 내가 같이 보조를 맞춘다면 이야기는 어떻게 될까? 내 이야기만 쭉 얘기한다든지 프로그램 설명만 한다면, 고객은 어느 순간 다른 생각을 하고 있을 수도 있다. 고객은 절대 급하지 않다. 우리 학원장들만 급하다. 서두르지 말고 아주 천천히 말도 여유롭게 말의 보폭에 맞춰 상담할 것을 추천한다.

처음 만난 당신에게 고객은 사실 아직 믿음이 없다는 것을 잊어서는 안된다. 수많은 고객들 중에 쇼핑 투어 다니듯 여기저기 전화하고 상담받고 투어를 온 것일 수도 있다. 남과 조금 다른 여유를 가지고 상담을 리드해보자. 단번에 확 끌어당겨서 등록시키는 것이 아닌, 서서히 조금씩 원하는 방향으로 리드해 가는 것이 좋다. 최고의 상담기술은 프로그램에 초점을 맞추는 것이 아니다. 모든 것을 아이 그리고 고객에게 초점을 맞추는 것'을 명심 또, 명심하자.

07
좀 더 똑똑한 원장이 되어라

조금만 방법을 바꾼다면 원장들도 억대 연봉자들이 될 수 있다. 좀 더 똑똑한 원장이 되라고 해서 놀랐는가?

"나는 다른 사람들보다 진짜 열심히 일해"
"나는 다른 사람보다 많이 해"
"주말도 반납하고 열심히 사업을 운영하는데…"
이런 말을 종종 듣곤 한다. 그건, 착각이다. 아무도 알아주지 않는다. 스스로 열심히 하고 있다는 핑계에 불과하다. 열심히 했다면 당신은 그 분야에서 탑이어야 한다. 만약에 하고 있는 분야에서 도움이 되는 최적의 조건으로 제공했다고 가정해보자. 그럼, 소개가 연달아 이어서 나와야 된다. 그런데 과연 소개가 나오는지 보라. 여기저기 차이는 물에 물

탄 듯, 하지 말자 더 이상. 내가 수없이 세미나에서 컨설팅에서 얘기하는 건, 되는 방법으로 돈을 벌고 더 좋은 일을 하자는 것이다. 내 밥도 잘 못 먹으면서 너무 퍼주기만 하지 말라는 것.

즉, 돈을 버는 방법과 돈을 유지하는 방법도 알아야 한다. "월말에 월세, 관리비, 급여, 운영비 등등 다 빼면 실제로 남는 건 얼마 안 돼요." 뻔한 이야기. 왜 그럴까? 바로 돈은 벌었을지언정 돈을 모으고 불리는 능력이 없기 때문이다. 나 자신도 이런 걸 몰랐을 때, 버는 건 많은데 왜 돈이 안 모일까? 하는 고민이 많았다. 바로 돈을 바라보는 나의 시각에서부터였다. 이후 마인드도 바꾸고 방법도 바꾸었더니 놀랍게도 돈을 모을 수 있었다.

내가 월 천을 벌 수 있다고 말하는 것은 단순히 한 가지 방법만은 아니다. 분명 월 천 되는 방법은 있다. 앞에서도 말했듯이 고객이 스스로 찾아오게끔 나의 모든 채널을 세팅하라. 어디서든지 나를 미리 알고 찾아오게끔 하는 것이 중요하다. 언제까지 키워드 광고로만 나를 알릴 것인가.

나만의 독보적인 콘텐츠를 먼저 개발해라. "왜 나여야만 하는지!"가 가장 중요하다. 고객들이 나를 미리 인지하고 오게끔 하는 게 중요하다. 그럼 나를 어떻게 알릴 것인가. 블로그 운영, 카페 활동, SNS 활동을 통해 나를 알리고 정보집, 소책자 등을 제공함으로써 고객에게 이득을 주는 것을 부지런히 하자! 칼럼을 쓰기도 하고 외부출강을 잡고 언론에 노출될 수 있도록 노력을 해야 한다. 그렇게 하여 수집된 데이터를 기반으로 하여 온라인, 오프라인 소식을 전해 지속적으로 관계를 맺는 것이 중요하다.

고객의 궁금한 점을 해결해주는 멘토가 되면 좋다. 고객이 스스로 상담을 요청하게끔 여러 가지 시스템을 만들면 더 효과적이다. 강연 등을 통해서 브랜딩이 될 수 있도록 하자. 우리가 먼저 연락하지 않아도 고객이 스스로 나를 찾아온다면 이보다 더 좋은 방법은 없지 않을까? 고객의 니즈를 파악하고 해결해 주어라. 좋은 멘토가 될 것이다.

돈 벌어서 좋은 기부를 해라. 자기개발에 대해서 공부를 많이 하다 보니, 가장 중요한 건 마인드 셋인 것 같다. 많이 배워도 제각기 받아들이는 것이 다르고 아웃풋을 하는데 어려움을 겪는다. 이미 가지고 있는 재능을 마음껏 활용하고 그에 따른 수익을 발생시키고, 좋은 일도 하면서 선한 영향력을 나누는 것이다. 즉, 하고 있는 사업이 잘되면 반드시 좋은 곳에 그 영향을 흘려보내야 한다.

봉사활동을 하고 있는지? 아직이라면 지금이 바로 시작할 적기다. 이것이 사업을 성장시킬 수 있는 원동력이 된다. 자신의 일만 하는 사람, 나눔과 공유로의 삶을 살아가는 사람, 누가 더 지혜로울까? 한 달에 한 번이 어렵다면 3개월에 한 번이라도 꼭 봉사하기를 추천한다. 이작은 깨알 같은 팁에서 삶의 지혜를 얻을 것이고 사업의 마인드를 키울 수 있다.

08
학원성공을 돕는 멘토

오픈을 한 지 6개월이 된 분이 나를 찾아왔다. 이야기를 들어보니 오픈한 지 6개월이 지났지만 수입이 아직 없다고 했다. 그래서 그동안 어떠한 것을 해봤는지를 물어보았다. 그녀는 이것저것 많은 시도를 했었다.

그런데도 왜 그동안 안됐을까? 사업을 오픈한다는 것에는 많은 에너지를 쏟아야 한다. 단순히 인테리어 하고 홍보를 하는 것에서 그치면 그건 그저 뻔한 사업이 된다. 사업이 성공하기 위해서는 여러 가지 교육을 통해서 일단 마인드부터 바꿔야 한다는 것을 다시 한번 말한다. 만약, 자존감이 낮은 사업가라면, 뭐든지 잘하는 긍정적인 마인드로 잘할 수 있다는 마인드를 반복 연습을 통해 장착할 필요가 있다. 이렇게 마인드 셋을 한 결과 성장하는 사업가가 되고, 당연히 매출도 증가한다.

사업을 오픈한 지 6개월 된 그분은 과연 실력이 없었던 걸까? 아니다. 물론 실력도 좋고 환경도 다 좋았다. 그러면 어떤 것이 문제였을까? 그 환경에서 더 좋은 방향이 있음에도 불구하고 다른 방향으로 갔다. 쉽고 좀 더 빠른 방법, 하지만 그건 쉬워 보이기만 할 뿐, 성과가 나지 않는 방법이었다. 이제는 그 방법을 바꿔야 한다. 고객이 스스로 오는 방법으로 가야 한다. 그녀는 교육을 통해 많이 변했다. 전에는 자신감이 없었고, 주변에 너무 휘둘리고 상처를 많이 받다 보니 그에 따른 자존감도 많이 떨어져 있어 너무 안타까웠다.

첫 시작은 마인드 셋부터 해야 한다. 그리고 알파의 조건으로 고객을 리드할 수 있다. 이전보다 훨씬 더 자신감이 생기고 고객이 스스로 찾아오는 방법으로 마케팅을 하도록 도왔다. 또 다른 한 분은 아주 작은 사업을 운영했는데, 한 곳에서 너무 오래 운영을 해서 다른 곳으로 이전을 하고 싶어 했다. 기존 원생 30명 정도가 되는 학원 운영을 했고, 매매 시 업체의 의뢰를 했는데 터무니없이 낮은 권리금에 실망을 하던 차였다. 생각을 바꾸어 바로 시스템 재정비하고 마케팅을 통해 원생을 60명으로 키워 더 좋은 인수자를 만나게 도왔다.

물론 이 방법이 쉽지는 않았다. 하지만 안 되는 방법도 아니라는 것을 말하고 싶다. 이 원장님에게 인원을 두 배로 늘리는 방법을 제안하여 그로 인한 권리금을 2배로 받게 해드렸다. 그럼 새로운 인수자는 어땠을까? 그 역시도 처음보다 2배가 늘어난 인원에 만족했고 관리도 잘하는 학원으로 자리 잡아가는 것을 볼 수 있었다. 인수받는 입장에서도 정말 감사해한다. 처음보다 매출이 두 배나 늘었으니까. 즉 두 분 모두에게 이득을 줄 수 있었다. 처음에는 그냥 적당한 인수자를 찾으려 했지만, 어떻게 하면 더 좋은 조건으로 인수자를 찾을까 고민을 하다가 인연이 되었다.

내가 처음 세종시에서 학원을 오픈 할 당시 적당한 상가가 없었다. 이제 막 지어지는 시점이었고. 내가 들어가고 싶은 곳은 이미 다른 사람이 선점을 한 상태였다. 고민 후 얻은 결론은 바로 홈 레슨을 하기로 마음먹었다. 홈 레슨으로 보통은 2, 30명 케어가 가능하다. 나는 기존의 고정관념을 바꾸었다. 고객이 스스로 찾아오는 상담법으로 좀 더 특별한 상담을 이끌었다. 이로써 홈 레슨에서 65명까지 키울 수 있다.

그다음, 학원으로 확장하였다. 학원 확장 시 사전접수를 하게 했다. 인테리어 중에서도 사전접수를 통해 30여 명을 모집했다. 오픈 초기부터 100명 이상으로 첫 스타트를 끊은 것이다. 대부분은 어떠한가. 인테리어에만 온갖 신경을 쓰면서 정작 홍보마케팅에는 신경을 못 쓰지 않는가? 그리고 첫 시작부터 아이들이 오지 않는 것을 원망한다. 어느 분야에든 경쟁자는 넘쳐난다. 그 안에서 나만의 특별함을 가져가야 한다. 그것이 경쟁력이다. 다른 곳과 차별화 전략으로 첫 상담 시부터 고객에게 이득을 제시함으로 믿고 맡길 수 있는 학원으로 신뢰를 얻었다.

 우리는 모든 것을 언어로 시작한다 해도 과언이 아니다. 어떻게 말을 시작했느냐에 따라 고객의 반응은 달라진다. 3년 결제도 거뜬해서 꼬마빌딩 산 이야기를 아는가. 나는 컨설팅을 통해서 많은 원장님을 만나는데 나의 단골 이야기가 바로 이 부분이다. 그럼 다들 그게 말이 되나요? 라고 많이들 묻는다. 물론 고정관념을 깨지 않으면 말이 안 된다. 그렇지만 말이 안 될 것도 없다. 학원인데. 물론 여기에는 고객들이 원장님에 대한 무한 신뢰가 바탕이 되어야 가능하다. 그 동안 어떠한 것도 다 믿을 정도의 그동안 신뢰가 바탕이 되어야 한다. 학원마다 특별한 프로그램은 가지고 있다. 바로 그 특별프로그램을 하나씩 만드는 것이다. 그리고 고가 전략, 장기 전략으로 정한다. 이 원장님은 3년 원비를 20명 선착순 받아서 8,000만 원 정도, 그리고 조금 더 보태서 꼬마빌딩을 샀다. 물론 매달 원비를 내는 친구들도 있다. 즉 프로그램마다 여러 가지 혜택으로 소비자에게 줄 수 있으면 된다.

 사업체를 인수받고 싶다는 지인의 이야기이다.
"원장님, 이번에 학원을 하나 인수받고 싶은데 권리금이 적당한지 한번 봐주세요"

이야기를 들어보니 인계자 원장님이 너무 터무니없이 가격 책정을 하였다. 나는 지인 선생님에게 이 학원을 꼭 인수받아야겠냐고 했다. 그리 조건이 좋아 보이지 않아서이다. 그럼에도 지인 선생님은 그 학원에서 강사 일을 하다 보니 아이들과도 정이 들었고 이번에 원장으로 운영을 하고 싶다는 의사를 말했다.

"그럼 선생님, 그분에게 나는 인수금액이 4,000만 원밖에 없으니 주시던지 아니면 저는 못하는 상황입니다"라고 얘기하라고 했다. 여기에는 당연히 당당한 모습의 몸의 언어와 표정 언어뿐 아니라, 말의 온도 등 모든 것들이 함께 어우러졌다.
결과는 어떻게 되었을까. 그렇다 모두가 예상을 했듯이 사실 4000만 원은 터무니없는 금액이었다. 그럼 어느 시점에서 합의가 되었을까? 처음 얘기했던 금액에서 2,000만 원이나 저렴한 금액에서 합의를 보았다. 즉, 6,000만 원에 인수를 받았다. 처음 인계자가 말한 금액은 8,000만 원이었다.

명쾌하게 말 몇 마디로 2,000만 원 이득을 보게 도왔다. 모든 협상에서는 나의 패를 보여주면 안 된다. 지인 선생님은 그 학원을 인수받고 싶어 하는 마음을 이미 원장에게 비쳤던 상황이었고. 그럼 인계자는 시세보다 더 받고 싶어 할 것이다. 그래서 여러 협상 멘트를 통해 2,000만 원을 깎을 수 있었다. 즉, 시세보다 더 저렴하게 아주 만족하며 인수받았다.

 만약에 그냥 그쪽에서 제시하는 금액이 적당하다고 생각을 했다면 아마도 인계자는 다 받았거나 오히려 본인이 저렴하게 준다며 생색을 냈을지도 모른다. 말의 힘은 강력하다. 말 한마디에 수천만 원 협상이 가능했으니 말이다.

09
작은 학원 이대로 괜찮을까?

　당신은 사업운영에 있어서 어떤 것을 가장 중요하게 생각하는가? 많은 사람들이 단순히 "마케팅이요!"라고 한다. 마케팅이 과연 무엇인가. 단순히 홍보를 잘하는 것이라고 생각만 하면 오산이다. 시장에서 나만의 핵심경쟁력이 있는지 없는지부터 봐야 한다. 핵심이 되어야 살아남을 수 있다는 것이다. 홍보도 마케팅이다. 상담을 하다 보면 이런 경우를 많이 본다. 정말 마케팅이 안 되어서 가르쳐주고 원생을 모아주어도 상담이 안 된다. 온 고객도 다 놓쳐버린다. 또 다른 경우는 상담은 잘하는데 홍보를 너무 어려워한다는 것이다. 어떤 것이 문제일까?

　둘 다 문제다. 성피연 연구소에서 교육하는 것은 고객이 스스로 와서 감사하다고 인사를 하면서 등록하는 시스템이다. 즉 어느 하나 소홀히 할 수는 없다. 잠재 고객을 내 팬으로 만들어서 더 좋은 콘텐츠를 제공하면 된다. 내 고객인지 아닌지도 모르는 불특정 다수에게 홍보를 한 케이스였다면, 그동안의 사업 홍보방식과는 좀 다르다. 이제 그렇게 하는 방식은 수익화의 시너지가 없다. 이제 깨야 한다. 그러지 않으면 사업은 더 힘들어지게 될 것이다.

이제 진짜 돈 버는 사업을 운영해라. 언제까지 언제 올지 모르는 고객을 문 앞에서 기다리고 쳐다볼 것인가. 우리 주변에는 그냥 열심히 하는 사람들은 많다. 그냥 열심히만 한다. 이제는 돈이 되는 방법으로 열심히 제대로 하기를 바란다. 아침부터 저녁까지 홍보를 하고 사업을 홍보하는 원장님을 많이 본다. 그래서 과연 하루에 몇 명이 상담을 오냐고 물으면. 그의 대답은 놀랍다. 한두 건이 전부. 그것조차 등록을 못 시킨다는 것이다. 이렇게 해서는 사실 답이 없다. 전단지 돌리는 것이 나쁘다는 것이 아니다.

예를 들어 우리가 길에서 PT 받는 체육관 전단지를 받았다고 해보자. 그 전단지를 받자마자 우리는 체육관을 가서 바로 등록을 하는가? 아마 아니라는 것을 알 것이다. 그럼에도 불구하고 왜? 우리도 가지 않는 홍보 전단지를 불특정 다수에게 뿌려야 하는지 한번 생각해볼 문제이다.

여기서, 어떻게 하면 고객이 나를 찾아올까?
어떻게 하면 쉽게 학원을 좀 더 효율적으로 운영할까를 고민해야 한다. 이 질문에 좀 더 디테일하게 생각을 해봐야 한다. 우리는 전문가다. 잡상인이 아닝 전문가로 포지셔닝이 되어야 한다. 나를 찾아오게 하는 마케팅, 고객이 스스로 고민을 이야기하게 만드는 시크릿 상담법, 그리고 가장 강력한 나만의 콘텐츠를 가지고 있어야 한다. 이 삼박자가 모두 화음이 맞을 때, 비로소 좀 더 효과적으로 사업을 할 수 있다.

　원장들을 만나다 보면 모두 성공하고 싶다고 한다. 학원으로 큰 꿈도 가지고 있다. 그러나 그게 전부이다. 생각만 있고 그것을 해나갈 그 체계적인 프로세스가 없다. 다들 남들처럼 멋진 인생을 살고 싶어 하는데도 말이다. 성공한 1인 기업대표 학원장으로 거듭나려면 이대로는 안된다.

10
결국 멘트가 답이다

제발! 적어도 하나는 해 보자. 1명의 고객 뒤에 30명의 고객이 있다는 말이 있다. 학원을 운영하면서 한 명의 고객에게 최선을 다하면 그 뒤에 수많은 고객이 있다는 것을. 멘토 포지셔닝을 하고 당신을 멘토의 자리에 올려놓고 강력한 효과를 봐야 한다. 앞에서도 말했듯이 '내가 전문가로 포지셔닝이 되고 단지 전문적인 사람이구나,' 라고 느끼는 것이 아닌, '아! 여기 가면 내가 도움을 받을 수 있겠다.'라는 생각이 들도록 만들어야 한다. 아직도 실천이 어려운가.

열심히만 하지 말자. 되는 방법으로 해라. 같은 말이라도 '아 다르고 어 다르다는 것을 안다.' 말이 얼마나 중요한가. 고객에게 우리의 프로그램을 과연 얼마나 어필하고 있는가. 그 첫 시작은 나의 상품을 결론부터

정하고 연상을 시키면 좋다. 내가 연상시키는 그 틀 안에서 질문을 통해 스스로 답을 끌어내는 것인데. 사람은 생각보다 이성적이지 않다. 같은 상황에서 현실과 이상 중에서 대부분이 이상을 좇는다. 예를 들어 성형외과에서 수술을 한다고 가정해보자.

아무도 '내 얼굴에 부작용이 날지도 몰라!'라고 생각을 하지 않는다. '나는 예뻐질 거야!'라는 생각만 한다.

아이를 키우는 엄마라고 해 보자. 우리 아이는 이렇게 공부해서 나중에 의사가 될 거야. 또는 더 유능해질 거야. 라고 생각을 한다. 즉, 기대하는 곳을 집중하고 그에 맞는 상황 멘트를 하면 좋다.

질문을 하라. 같은 말이라도 "~했습니다." 와! "~한다면 어떨 거 같으세요?"라고 말하면 듣는 사람은 생각한다는 것이다. 즉, 뇌에서 버퍼링이 일어난다. 에너지를 쓰고 있다는 것이다.

질문하는 자가 바로 멘트의 주도권을 가져올 수 있다. 고객에게 대화 시 감성에 호소해라. 머리로 대화를 하면 고객은 이성적으로 변한다. '여기는 얼마고 저기는 얼마인데!'라면서 '저기가 더 저렴해 그쪽으로 가야지!'라는 생각을 한다. 즉, 모든 멘트에는 감성을 자극하는 스토리로 푸는 것이 효과적이다. 스토리를 만들려면 예시를 많이 들어라. 사람을 설득시키는 가장 좋은 방법이다. 우리가 할머니로부터 들은 옛날이야기는 지금도 기억하는 것이 바로 이 스토리 효과다. 듣는 이로 하여금 잊지 않고 평생토록 기억되게 하는 것이 스토리이다.

마음을 감동시켜라. 효과적인 멘트 시 비교를 하면서 해라. 수많은 홍보문구 TV의 광고 문구를 보면 비교 효과를 많이 본다. 악당이 없으면 주인공도 없듯이 꼭 양자택일 기법을 써보자. 내가 가지고 있는 상품과 비교되는 또 다른 상품을 비교하는 것. 또 다른 상품인 경우 누가 봐도 내 상품의 가치를 높일 수 있는 비교면 좋다.

상담 시 고객과의 응대를 할 때, 누구를 만나던 멘트와 함께 중요한 부분이 바로 표정과 몸짓이다. 감정을 가지고 전해라. 사람은 생각보다 감성적이라고 말했듯이 내가 전달하는 멘트와 함께 나의 표정 눈빛 목소리까지 모두 언어로 전달된다. 비언어적인 부분이 사실 더 크다. 나의 말 한마디가 매출을 끌어당길 수도 없앨 수도 있다. 좀 더 매력적으로 말하는 방법, 좀 더 끌리게 말하는 방법은 있다. 그 방법만 안다면 매출은 몇 배로 늘어날 수 있다.

매일 사람을 만나고 소통하라. 평소의 나의 말은 너무나 중요하다. 나의 표현에 따라서 큰 차이를 만든다. 수강생들에게 매일 멘트 연습을 시킨다. 오늘도 좀 더 성장하고 좋아지는 모습이 되도록 말이다.

왜 그러는 걸까? 말도 습관이고 좋은 상담 멘트도 습관을 만들면 반드시 좋아진다. 생각을 성과로 만들기 위해서이다. 부가가치를 따져서 실천을 해 보길 바란다. 작은 것이라도 실행력이 있어야 성과로 이어지는 법. 어느 날 갑자기 산에 오르지 못한다. 운동화 끈부터 매어야 가능한 일이다.

　모든 멘트를 긍정으로 바꿔라. 같은 말이라도 고객에게 다가가는 것은 "하늘과 땅" 차이다. 서로 가르치고 배우면서 서로 성장할 수 있다. 나의 멘트를 스크립트 해 보고 상대방에게 가르쳐주는 것부터 시작한다. 서로서로 시켜보고 가르쳐준 것을 몸의 언어와 함께 실제로 행동으로 옮겨본다. 잘한 점은 칭찬으로, 좀 더 보완할 점은 격려해주면 더 많이 성장하는 모습을 볼 수 있다.

　내가 매출 올리는 상담 멘트의 신이 되기까지 정말 많은 것을 투자했다. 책을 읽고, 이해될 때까지 외우고 기억하고 가르치고 나누었다. 당신도 이것을 실천하고 싶다면 그 분야의 책을 읽고 멘토를 만나 더 성장하기를 응원한다. 본인이 바라고 원하는 전문가가 되기를 기도드린다.

　나만의 고객응대 멘트가 궁금한가? 책을 읽고 더 도움을 받고 싶다면 성피연 연구소의 칼럼이 도움이 많이 될 것이다. 결국 모든 사업 인간관계의 첫 시작은 멘트가 답이다. 당신의 사업이 멘트를 통해 날개를 달게 될 것이다.

1인 창업 5인 5색 스토리

1인 창업 실행이 답이다

The real business start-up

III

이승희

수년간 교육사업과 프리랜서로 활동하며 남편과 자녀를 브랜딩하고 성공을 위해 고민하는 사람들의 브랜드 가치를 높이는 전략적 코칭으로 행복한 성공을 돕는 브랜딩 메신저 이승희, 다행쌤으로 살아가고 있다.

저서 〈경험이 돈이 되는 메신저 이야기〉, 〈블로그 콘셉트〉, 〈1인기업 독서로 기적을 만들다〉등이 있다.

이승희

K컬쳐아트미디어교육협회 대표
부부1호 행복성공 메신저
나행복 브랜딩 연구소장
세계문화예술신문 편집국장

저서
〈경험이 돈이 되는 메신저 이야기〉
〈블로그 콘셉트〉
〈1인기업 독서로 기적을 만들다〉

https://www.instargram.com/happy_happy_hee
https://www.youtube.com/channel/UCd4VcU5h3jF_F17wfl6(
https://cafe.naver.com/musicbomul
https://blog.naver.com/vscantata
https://open.kakao.com/o/ggxkqZBc

1인 기업 성공!
브랜딩이 답이다

나행복 브랜딩 전문가 다행쌤 이승희

01
퍼스널 브랜딩을 시작하자

함께 하는 것을 좋아하는 나는 노후의 모습은 재밌게 사는 것을 목표로 삼았다. "앞으로의 시간은 즐겁게 남을 돕고 함께 사는 것에 인생의 무게를 둔다!" 이것이 인생 목표가 되었다. 목표를 곱씹어 생각해보니 "어떻게 불리고 싶은가?"에 대한 정리가 필요했다. 내가 원하는 대로, 불려지고 싶은 대로 이름을 만들어 보며 이렇게 결론을 얻었다.

죽을 때까지 "다 함께 행복 하자 다행쌤"으로. SNS에서 나 자신을 소개할 때마다 "당신의 브랜드 가치를 높여 다 함께 행복하게 하는 브랜딩 전문가 다행쌤"입니다. 라며 자랑스럽게 멘트를 한다. 사람들의 반응이 "다행쌤은 부르기도 쉽고 마음이 따뜻해져요"라는 이야기를 해 주었고 "다행쌤을 만나 정말 다행이에요. 다행쌤과 함께 해서 다행이에요."라고 한다. 이 말을 들을 때마다 원하는 인생의 목표를 이뤄가고 있는 듯 벅차오름을 느낀다.

언제부턴가 "할 엘로드"의 미라클 모닝 책을 만난 이후, 하루를 시작하는 아침 시간에 대해 구체적으로 생각을 하게 되었다. 아침! 시작의 중요성을 생각은 했지만, 루틴을 알차게 실행하는 데는 다소 부족한 점이 많았다. 어떻게 하면 몸과 마음, 생활도 건강하게 만들고 만족도를 높일 수 있을까? 하고 방법을 찾았다. 그리고 실행에 옮겼다. 새벽 5시 30분에 기상을 한다. 6시~7시까지 '행복한 성공을 만들자'와 같은 목표를 가지고 나아가고자 하는 사람들을 모았다. 5시 30분! 서로 모닝콜을 해주며 각자 정한 루틴을 실행해 본다. 6시 10분 전 온라인 ZOOM에 모여 자신을 격려하고 자존감을 높이는 '파워 모닝 블로그 시크릿'을 한다. 아침에 일어난다는 개념을 '기적을 깨운다'로 바꾸어 자신의 시간을 주도해 나가도록 하는데 집중을 한다.

다행쌤 파워 모닝 시크릿은 새벽 5시 30분부터 7시까지 진행된다. 참여하는 사람들은 이 시간만의 루틴이 있다. 루틴은 아주 작은 단위로 쪼개어서 만든다. 다행쌤의 루틴을 가장 작은 단위로 쪼개어 소개하자면 다음과 같다.

아침에 눈을 뜨자마자 침대에서 시원하게 기지개를 켠다. 침대 옆, 텀블

러에 떠 놓은 물을 조금씩 씹으면서 마신다. 침대에서 일어나 팔을 뻗어 천정에 손바닥 3번~5번을 대어보며 스트레칭을 한다. 그 뒤 욕실로 가기 전 노트북의 전원 버튼을 누른다. 욕실로 들어가면 거울을 보며 얼굴을 두드리며 웃는다. 칫솔에 치약을 짜서 양치질을 한다. 세수를 하고 간단하게 얼굴 마사지를 하며 에센스를 바르고 나와 노트북 세팅을 마친다. 줌 주소를 카톡에 복사 붙이고 함께 하는 사람들이 줌에 들어올 동안 골라놓은 오늘의 음악을 틀어놓는다. 잠시 뒤 사람들이 한 명, 두 명 줌으로 모이기 시작한다. "안녕하세요. 000님", "좋은 아침이에요 000님", "오늘은 컨디션이 좋아 보여요 000님", "오늘 음악 괜찮은가요? 000님"등 아침 인사와 함께 이름을 불러주며 인사를 나눈다. 주중에 함께 하는 다행쌤 파워 모닝 시크릿은 기적을 깨우는 아침에 긍정 파워가 뿜어져 나온다.

계기가 필요하다. 계기란 스스로 자각하지 않으면 좀처럼 눈에 띄지 않는다. 변화가 필요하다고 느낄 때, 이미 뜻을 이룬 모습을 떠올려 본다. 또한, 듣고 싶은 이름을 많은 사람들이 불러주는 것에 대해 상상을 해 본다. 자신이 듣고 싶은 이름은 곧 사람들이 자신을 어떻게 부르는가? 와 같은 맥락이다. 다 함께 행복하게 살자는 생각이 다행쌤이라는 네이밍을 갖게 했듯이 이름을 짓는 것은 퍼스널 브랜딩의 첫 시작이다. 나는 어떻게 살고 싶은가? 에 대한 답을 찾아 자신의 이름을 브랜드로 만들고, 일하고자 하는 영역에서 타인이 먼저 나를 떠올리도록 이름을 만들어보자. 변화가 필요하다 느낄 때 불리고 싶은 이름을 생각해보면 선순환 계기를 만들 수 있다.

　매일매일 계획을 한다는 것은 더 나은 미래의 모습이 만들어지고 있다는 것이다. 계획을 하고 방향성을 찾을 때 필요한 조언을 해주는 사람이 옆에 있다면 행복할 것이다. 그 대상자가 가장 가까이 있는 사람일 수 있다. 한동안 길을 잃고 방황하던 시간이 있었다. 어디로 가야 방법을 찾을 수 있을까? 많이도 답답했었다. 책 한 권을 소개받았다. 절실한 시간 가운데, 소개를 받아서인지 자주 들여다보고 읽게 되었다.

　책 속에는 시간을 내서 과제를 하도록 안내를 하는데. 과제를 수행하며 자신의 가치를 조금 더 알아가도록 하는 내용이 담긴 책이다. 당신의 재능은 무엇인가? 그 재능을 꺼내어 솔직하게 재능이력서를 작성하게 하고, 나의 사명문과 자신의 가치관을 찾아 브랜드를 만들도록 도와준다. 간절하게, 이 책을 다섯 번이나 반복해서 읽었다. 다 함께 행복 하자 '다행쌤'은 구본형 작가의 '그대 스스로를 고용하라'를 반복해서 읽고 만들어진 퍼스널 브랜드이다. 찾으면 찾게 된다. 독서를 하며 찾게 된 네이밍에 감사하다.

　열정은 보람을 만든다. 구하고 찾았던 방향성은 목표를 이루는 데 큰 도움이 된다. "혼자 성공이 아닌, 함께 성공하자."라는 목표를 외치며 사람들을 만나다 보니 자신의 강점을 찾고 싶어 하는 사람들이 많았다. 강점을 찾아 콘텐츠를 만들어 나아가고 싶어 하는 사람들을 돕는 일에 자연스럽게 열정을 쏟고 있다. 좋은 에너지를 나눠주는 사람이 되고자 자기계발에 힘쓴다. 그 방법에는 독서와 여행이 있다. 다행쌤은 독서와 여행도 마음이 맞는 사람들과 함께한다. 마음을 나누는 사람들과 독서와 여행을 하며 함께 하는 시간 속에서 그들의 강점을 발견한다. 그리고 첫 번째로 하는 일은 이름을 짓는 것으로 '퍼스널 브랜딩'의 시작을 돕는다.

지어진 이름이 어떤 사람들에게 도움을 주며 불릴 것인지에 대한 전략을 짠다. 앞으로 활동을 해나갈 분야에서 어떠한 이미지와 포지션을 가져가야 할지에 대한 이야기를 계속 나눈다. SNS 마케팅을 통해 확산을 시키며 이미지를 구축할 수 있도록 한다. 함께 일상을 벗어나 여행하며 독서 하고 웃고 대화하는 시간은 스트레스가 없어 자연스럽게 자신이 무엇을 잘하는지, 무엇을 하고 싶은지에 대해서 알 수 있다. '내가 무엇을 원하는지, 무엇을 잘하는지, 무엇을 해야 하는지' 등의 고민에 대한 답을 찾는 과정이 된다.

익숙한 장소에서 떠나, 여유를 가지고 자신이 해왔던 일인 직업을 돌아보고 하고 싶은 일에 대한 이야기를 나누며 함께 미래의 모습을 그려보는 시간이다. 여행 속의 대화에서 해야 할 일과 하고 싶은 일을 조화롭게 만들어가는 에너지도 찾고 방법도 찾게 된다. 혼자가 아닌 함께 목표와 뜻을 세우고 실행하며 서로 독려하며 나아간다. 여행을 다녀와서 얻은 열정은 삶의 보람을 만든다.

삶을 계획하고 하루하루 실천해 나간다는 것은 자신의 모습을 주도적으로 만들어가는 것이다. 현재의 나를 가장 잘 보여주는 것이 나의 하루의 모습이자 불려지는 이름이다. 지금 어떻게 살아가고 있고, 어떤 계획을 진행 중인지는 하루에 모두 투영되어 있다. 또한, 불리고 싶은 이름에도 어떻게 살아가겠다는 비전이 보인다. 공식적인 자리에서 나를 소개할때 솔직하고 분명한 자기소개를 준비해 보자. "당신의 브랜드 가치를 높여 다 함께 행복하게 만드는 브랜딩 전문가 다행쌤입니다."

02

변화의 계기를 찾자

　요즈음, 옆에서 지켜보는 남편이 "왜 그렇게 잘하려고 해? 그냥 하면 되지. 편하게 해버려"라고 말을 한다. 무엇인가를 결정할 때 예전보다 생각을 더 하는 모습이 고민을 많이 하는 것으로 보이는가 보다. 본래 내 성격은 행동가였다. "해 보고 아니면 말고, 저질러 보자"라는 생각으로 행동하며 40대 초반까지 살았다. 하지만 빠른 행동이 실패를 불렀나? 라는 생각에 더 신중해야 할 것 같다는 생각을 갖게 되었다.

　세심함이 지나치면 소심함이 된다. 25여 년 동안 가르치고 기획하는 일을 해오며 '더 잘해야 한다.'는 생각으로 스스로를 가둔 모습이라는 것을 알게 되었다. 기획했던 일들이 모두 잘 된 것은 아니었다. 좋은 마음과 체계적인 기획임에도 허무하게 덮어야 했던 프로젝트를 여러 번 경험했다. 더욱 신중함이 소심함으로 변해 일을 진행하는 것이 두려워졌다. 두려워하는 자신을 발견하고 더 이상은 두려움이 가져오는 불안감에 시달리고 싶지 않아 방법을 찾다 발견한 말이다.

이민규 저자는 실행을 강조하는 책에서 "진행을 해야 할 일을 실험한다고 생각을 해 보라"라고 말한다. "실패를 하다 보면 시도조차 하지 않았을 때, 배울 수 없었던 것을 배울 수 있어 성공의 문턱에 가깝게 다가갈 확률이 커진다."라고 했다. 토마스 에디슨은 "처음부터 잘 되는 일은 세상에 존재하지 않는다. 실패는 성공으로 가는 이정표다. 실패하지 않는 유일한 길은 아무것도 시도하지 않는 것이다."라고 했다.

이 말을 듣고 보니 정신이 번쩍 들었다. 실패의 경험이 나를 얼마나 성장시켰는지에 대한 생각을 해 보지 않았다는 것을 알게 되었다. 그리고 당장 실패의 경험을 꺼내서 정리해본다. 일기를 쓰듯 적어본다. 실패일기가 곧 경험일기가 된다. 실패와 경험이 나를 만드는 것이며, 이로써 세상 모든 것은 '내가 나를 만든다.'는 결론을 얻었다. "인생에서 길을 걸어가고 있는 우리는 쉬어도 길 위에서 쉬어야 하고, 뒤돌아보지 말고 앞을 보고 걸어갑시다."라는 어느 작가의 글이 '나에게 해주는 말이구나'라고 마음속에 넣었다. 나와 같은 실패의 경험으로 힘들어하는 사람들에게 이 말을 해주며 함께 공감한다.

내가 만난 사람들은 진정으로 변화를 원한다. 그래서 질문을 해 본다. "실패를 해 본 경험이 있나요? 지금 생각이 나는 실패의 경험을 이야기 해 줄 수 있나요?" 질문에 답을 듣다 보면 이야기한 자신이 실패 속에서 많은 것들을 발견하고 스스로 놀라워한다. 실패의 경험 속에서 재능을 볼 수 있고 재능은 강점이 될 수 있다. 결코 남과 비교해서 뛰어난 점을 말하는 것이 아니다. 나만의 강점은 누구나 내 안에서 발견하는 것. 자신이 가지고 있는 수많은 능력을 비교하고 선택하여 찾는 것이다. 자신이 해왔던 일들 속에서 실패의 경험 속에서 찾으면 된다.

항상 새로운 것에 끌리고 호기심이 많았던 나는 나의 일보다는 남이 먼저였다. 내가 해야 하는 일이 바쁘지만 남의 부탁이나 남이 힘들어하는 모습을 함께 해결해 줘야 하는 혼자만의 의무감을 가지고 있었다. 그러한 성격은 가르치는 직업에서는 좋았다. 하나라도 더 가르쳐주고자 하는 마음이 넘쳐흘러 더 많이 준비하고 일을 했다. 일 속에서 즐겁고 보람도 컸지만, 사람에게 받은 상처로 인해 일의 결과가 실패로 이어지기도 했다.

실패의 결과는 오래도록 마음에 남아 나의 생각과 몸을 지배했다는 것을 나중에 알게 되었다. 그 지배 속에서 탈출하는 길은 가능성을 발견하고 강점을 찾는 것이었다. 실패의 경험으로 힘들어하는 사람에게 꼭 해 주고 싶은 말이 있다. 자신의 실패를 꺼내어 나열해 보고 정리해보면 많은 가능성을 발견하게 된다고. 자신의 기억을 더듬어보자. 주변에서 들었던 말들을 나열해 보자.

'나는 무엇을 잘할 수 있는가?'하고 자신을 들여다보자. 자신의 기질적 특성을 파악하고 진정한 가치를 살려서 새롭게 변화되는 인생을 누구나 시작할 수 있다.

예를 들어 나의 강점을 키워드로 나열해 본다면, 가르치기, 가설 세우기, 가창력, 감상하기, 감수성, 감정 지각, 강의하기, 개념 연결, 개념화하기, 개방적 사고, 개선하기, 객관화하기, 격려하기, 결심 지키기, 경청하기, 계획 세우기, 고안하기, 공간 활용하기, 공감하기, 관계 맺기, 관리하기, 관찰하기, 꼼꼼함, 꾸미기, 균형 잡기, 그리기, 글쓰기, 기기 다루기, 기록하기, 기술 습득, 기억하기, 기획하기 등 나열해 보면 생각보다 많은 키워드를 꺼내어볼 수 있다. 이 키워드를 자신의 강점으로 조합시켜 정리하면 된다.

몇 개가 되든 상관하지 말자. 조금 더 객관적인 소스를 구하자면 MBTI 검사나 DISC 검사등을 통해 얻은 결과를 정리해 강점과 함께 활용하며 정리 목록을 만들어 보는 것도 좋은 방법이다. 이때 가장 중요한 것은 '나' 자신에게만 집중하는 것이다. 누구와도 비교하지 말고 나에게 해당된다고 생각하는 키워드를 모두 골라내는 것이 좋다. 이렇게 정리한 포트폴리오로 이제는 일상에 적용하여 검증할 차례다. 정리해놓은 목록은 언제든지 추가하고 빼고 정리할 수 있다. 목록 중 일할 때, 비중이 큰 것과 작은 것을 가려내서 조금씩 활용하면 된다.

자신만의 강점 키워드 포트폴리오가 만들어졌다면 다시 배우고 경험을 해야 한다. 꿀벌과 게릴라 책에서 "변화하는 많은 것들은 당신이 앉아 있는 곳에서는 보이지 않을 것이다. 당신은 차단된 시각을 가지고 있다. 당신은 새로운 경험을 찾고, 새로운 장소에 가고, 새로운 일을 배우고, 새로운 사람들을 만나야 한다. 당신은 지속적으로 당신을 놀라게 하는 방법을 찾아야 한다. 당신은 새로움의 중독자가 되어야 한다." 게리 해멀 작가의 말이다.

나 또한 배우기를 좋아하는 사람이다. 인생은 배우는 것이지 완벽한 것이 아니다. 완벽하지 않기 때문에 희망이 있고 가능성을 발견함으로써 행복을 느낀다. 인간은 누구나 태어나면서부터 배운다. 학교나 가정, 사회에서 우리는 끊임없이 배우고 공부한다. 배움에 투자를 게을리하지 말아야 한다. "배움은 배신하지 않는다!"라는 책도 있듯이 배움은 당장 눈에 보이지 않을지라도 나만의 부가가치를 만들어내는데 필수조건이다.

지금까지 공부한 것을 꺼내어 적어보자. 자격증을 취득한 것부터, 자격증이 아니어도 관심을 가지고 배운 것이 있다면 모두 꺼내어 나열해 보자. 학창 시절에 취득한 자격증 외에 사회에서 취득한 자격증을 살펴보면 자신의 관심 분야를 알 수 있다. 나 같은 경우 관심을 가지고 취득했던 자격증의 합이 퍼스널 브랜딩으로 남을 돕는 일을 하게 만들었다. 심리상담사부터 퍼스널 컬러, 이미지메이킹 등의 취득한 자격증은 브랜드 가치를 높여 다 함께 행복하게 하는 브랜딩 전문가로 나아가는 데 있어 시야를 넓혀주는 디딤돌이 되었다. 공부는 다소 시간이 걸리겠지만 변화의 계기를 찾을 수 있다. 분명 "나는 무엇을 잘할 수 있는가?"에 대한 질문의 답을 갖게 될 것이다.

03
성공으로 가는 길, 만남과 관계에서 배운다

  사람과 사람의 만남은 너무나도 중요하다. 하버드대학교 '긍정심리학' 교수이자 뉴욕타임스 베스트셀러 '해피어' 저자인 탈 벤 샤하르는 "많은 사람들이 성공적 관계의 열쇠는 천생연분을 만나는 것이라고 믿는다. 하지만 사실 행복한 관계를 위한 가장 중요한 요인은 만남이 아니라 우리가 선택한 관계를 보살피는 것이다."라고 말했다. 이 말을 보면서 만남의 의미를 어떻게 부여하는가에 대한 답을 찾아보고 정리해보는 것이 중요하다고 느꼈다.

  살아가면서 우리는 많은 선택을 한다. 만남은 선택이자 관계이다. 관계를 어떻게 맺느냐에 따라 하고자 하는 일의 성패가 나누어질 수 있다. 혼자 일을 한다고 해도 일의 진행은 사람들의 관계 속에서 이루어진다. 혼자 쓰는 글이라고 혼자 하는 일이 아닌 것이다. 읽어주는 독자가 있어야 한다. 만남 자체는 매우 중요하지만 어디까지나 시작에 불과하다. 좋은 만남은 좋은 시작을 의미하지만 이후에도 만남에 있어 지속적인 좋은 결과를 예상하기는 어려운 일이다. 그 관계가 얼마나 오랫동안 건강하게 지속될 수 있느냐에 대해 깊이 생각하고 행동하는 것 또한 만남의 다음 단계를 어떻게 이끌어가야 하는지의 방향을 설정할 수 있다.

관계를 맺고 배우고 나눈다. 상대방과 일을 진행할 때, 상대방이 가진 특수성을 인정한다는 것은 매우 중요하다. 성격이 비슷해 보인다 할지라도 일을 진행해 나가다 보면 '서로 많이 다르구나!' 하고 느낄 때가 많다. 평소 이해심이 많은 사람이라는 주위 평을 받는 사람이라고 해도 갈등이 생길 수 있는 요인은 얼마든지 있다. 완벽한 사람은 세상에 없다. 아무리 훌륭한 사람이라고 해도 완벽하기는 어려운 일이다. 세상에 배울 것 없는 사람은 없다. 한 살짜리 어린아이에게서도 배울 점은 있다. 상대방이 나와 다름을 인정하고 보이는 약점은 보완해서 나부터 상대를 포용하도록 노력하는 태도가 필요하다.

지나온 시간의 경험을 돌이켜보면 만남과 관계 속에서 큰 것이 아닌 아주 사소한 작은 것으로부터 성공의 힘은 시작이 되었다. 직장생활이나 프리랜서로 일을 할 때에도 매일 작은 성공의 성과를 점검하는 습관을 가져보는 것이 중요하다. 아침 기상은 몇 시였나? 눈을 떠서 처음 하는 일이 무엇이었으며, 하루 루틴은 무엇인가? 계획했던 하루 일과 중 결과를 낸 일이 있다면 무엇인가? 성과를 내기 위해서 어떤 노력을 했는가? 하루 독서시간을 가졌는가? 그리고 꼭 빼놓으면 안 되는 질문이 있다. 바로 '누구를 만났는가? 만남 속에서 얻은 것은 무엇인가?'이다.

이 질문으로 답을 채우며 하루 일과를 정리해본다. 이렇게 정리한 답들은 작은 성공의 성과를 내기 위해 매일 도전을 하도록 만들어 준다. 도전하는 것은 하루를 의미 있게 보내는 유용한 방법임에 틀림이 없다. 계획한 모든 것에 성과를 낼 수도 있지만 성과를 내지 못했을 때도 문제가 되지는 않는다. 내일 다시 도전을 하면 된다. 매일 오늘을 맞이하기 때문에 기회는 늘 주어진다. 어제의 결과에 연연하지 않고 새롭게 도전한다면 매일 만남과 관계 속에서 배운 것을 토대로 성공을 맛볼 수 있을 것이다.

성공으로 가는 길목에 성취감을 빼놓을 수 없을 것이다. 무한 반복이 꾸준한 습관을 만든다. 하루 이틀 시간이 지나가면서 만들어지는 습관이 어려운 일을 만나도 "다시 한번 더 도전!"을 외치며 앞으로 나아갈 수 있는 원동력이 된다. 작은 성공을 매일 반복하다 보면 어느새 자신이 대견하게 느껴질 때가 있다. 자신감이다. 어느새 내공을 갖춘 모습으로 새로운 도전을 할 수 있게 된다.

누구와 함께하느냐는 정말 중요하다. 인생의 방향 설정에서도 만남의 영향을 많이 받는다. 1인 기업가로 활동을 하면서도 관계를 맺는 것이 도전이었다. 만남을 통해 목표를 구체적으로 세우게 되었고, 정해진 목표가 비슷한 사람들과 관계를 맺으면서 나의 사업은 확장이 되었다. 오프라인에서 온라인으로 활동의 방향을 전환했을 때도 먼저 시작한 사람들의 도움이 컸다. 독서를 하면서 성공한 저자들에게도 많은 영향을 받았다. 선택과 집중, 몰입하는 것, 매일 즐겁게 일을 하면서 현재에도 도움이 되고 미래에 자신이 만든 모습을 생생하게 그려보는 것 등을 알게 되었다. 누구나 상상할 수 있다. 구체적으로 생생하게 상상할수록 이루어지는 시간이 가깝다고 많은 저자들이 이야기한다.

더 구체적인 미래의 모습을 그리기 위해 처음부터 다시 배웠다. 온라인 마케팅에서 중요한 위치를 차지하는 블로그에 관심이 많아졌다. 이미지를 효과적으로 만드는 기술부터 영상 만들기에도 도전을 했다. 개인 레슨부터 KT 크리에이터 선정 지원교육까지 그리고 내일배움카드를 통해 컴퓨터학원에서 영상편집까지 시간과 노력을 투자해서 배웠다. 간절함 속에서 두드렸다. 우리 주변에는 도움을 주는 사람과 기관들이 많다는 사실을 간절함으로 찾게 되면서 알게 되었다. 함께 배워나가는 사람들과의 관계, 가르쳐주는 선생님과의 관계, 각 기관의 담당자들과의 관계 등 배움 속에서 맺은 관계는 나를 배우는 학생에서 가르치는 코치로 성장하는 기회를 주었다. 만남 속 관계가 기회를 만들어 주었다.

만나야 기회가 생긴다. 오프라인이든 온라인이든 상관없다. 만남은 기회의 노출이고 그 속에서의 진솔한 관계로 나를 알려 나간다. 만남과 관계에서 위치는 중요하지 않다. 배우는 사람이든 가르치는 사람이든 그 위치는 언제든 바뀔 수 있다. 목표도 함께 하는 사람들과의 관계에서 조금씩 수정을 해나가며 작은 성공부터 누려보면 좋다. 어렵게 생각할 필요는 전혀 없다. 처음부터 잘해야지 하는 마음보다는 함께 해 보자 하는 마음으로 관계속에서 시작해 보자.

만남의 의미를 스스로 정리하고, 함께 하는 사람들을 인정하고 배려하자. 배우는 자세로 나의 성공의 목표 달성을 위해 매일 도전을 해 보자. 스스로 정한 규칙을 반복해 나가되 혹여 규칙을 잘 행하지 못한 날이 있다 하더라도 포기하지 말고 자신을 믿고 계속 반복해 나가보자. 영국의 시인 존 드라이든은 습관의 힘에서 "처음에는 우리가 습관을 만들지만, 나중에는 습관이 우리를 만든다."라는 말을 했다. 만남의 관계에서 배우고 나누는 사소한 작은 성공의 습관은 큰 성공의 출발점이라는 점을 꼭 기억하자.

04
생각하는 대로 "하자! 해 보자! 하면 된다!"

생각하는 대로 말이 나온다. 말의 힘을 믿게 되었다. 일이 잘될 때 기분이 좋을 때 사람들의 입에서 좋은 말이 나온다. "그렇지 내가 잘 될 줄 알았지. 난 잘할 수 있지" 자신을 인정하고 긍정적인 말을 자신도 모르게 하게 된다. 근대 철학의 창시자 르네 데카르트는 "생각하는 대로 살지 않으면, 사는 대로 생각하게 된다. 기억에 의해서가 아니라 사색에 의해서 얻어진 것만이 참된 지식이다."라고 했다. 이 말은 평소 생각하는 대로 이루어진다는 말이다. 생각은 행동을 이끌기 때문이다. 누구나 살다 보면 만나게 되는 인생의 갈림길이 있다. 선택을 해야 한다. 원하든 원하지 않든 갈림길의 선택 속에서 지금 나의 모습이 되었다.

자신이 살아온 삶을 되돌아보는 시간, 지금까지 살아온 삶을 한번 더

듦어 정리를 해 보자는 생각을 갖게 되었다. 기억 속 어린 나는 동네 아이들에게 이런 말을 하고 있었다. "얘들아 알겠지. 얘들아 해 보자" 어린 시절 놀이 중 학교놀이를 좋아했다. 선생님이 되기도 하고 학생이 되기도 하며 자주 학교놀이를 했다. 우리 집 전축 LP 판에서 나오는 음악에 맞춰 춤을 추고 옥상 빨랫줄에 걸어놓은 이불로 무대를 꾸며 커튼콜도 하며 놀았다. 이렇게 해 보자 저렇게 해 보자 같이 해 보자는 말이 40년이 지난 지금도 뚜렷이 머릿속에 맴돈다. 내가 운영했던 음악 학원은 연주회를 자주 하는 학원으로 소문이 났다. 아이들에게 무대 경험을 많이 하게 해주었다. 공원 연주회, 놀이터 연주회, 병원 연주회 등 기획을 해서 날짜를 맞추고 무대를 꾸몄다. "얘들아 해 보자 여기를 봐봐 선생님을 봐봐", 출판사에서 직장생활을 할 때도 기획부 실장으로 늘 "해 봅시다. 해 봐야 알죠. 만나봅시다."라는 말을 많이 했던 내 모습을 떠올려 본다.

활발하게 워킹맘으로 살다가 어느 순간 자녀의 보살핌이 필요하다는 생각에 전업주부가 되었다. 사회의 성공을 중요하게 생각했던 나였지만 엄마로서의 역할도 중요하다는 생각이었다. '다시 해 보자' 하는 생각으로 뮤지컬전공 딸과 축구 선수인 아들의 뒷바라지를 했다. 아이들에게도 늘 하게 되는 말이었다. "해 봐, 해 보자. 해봐야 알게 되지" 실전을 위해 연습을 많이 해야 하는 두 아이를 독려하며 열정을 담아 집중했다.

때론 연습과 훈련으로 몸이 힘들어하는 두 아이들을 보며 마음이 아팠다. 아이들의 다리를 마사지해 주면서 "멋있다"라는 말을 많이 했다. 안무 연습으로 무릎에 멍투성이였던 딸의 다리와 운동장을 몇 시간 뛰고 온 아들의 종아리를 풀어주면서 "우린 잘 될 거야, 분명 잘 될 거야" 노래하듯 리듬을 넣어 말하며 마사지를 해주곤 했다. 지금 아이들은 자신들의 꿈을 이루어가며 잘 살고 있다.

아이들이 크고 나니 어느 순간 앞으로 "나는 어떻게 살아가야 하지?"라는 질문이 내 머릿속을 떠나지 않았다. 항상 수많은 가능성이 열려있다고 생각했던 나의 모습이 무엇인가에 가려져 보이지 않고 내가 무엇을 해야 하지? 하는 생각으로 혼돈이 오기 시작했다. 오프라인 시장에서 사업을 하다 코로나 19로 인해 모든 것이 멈추었다고 생각했을 때 돌파구를 찾아야 했다.

온라인 시장에서 활동을 준비했다. 활동을 하고 있는 사람들은 이미 자신의 자리를 구축해서 활발하게 움직이고 있었다. '나는 언제 따라가지? 온라인 시장에서 늦게 출발하는데, 이걸 어쩌지?' 불안감은 나를 더욱 힘들게 했다. 그때 옛말을 떠올려 보았다. "뱁새가 황새 따라가다가는 가랑이 찢어진다"는 말이 있다. 뱁새인 나의 위치를 인정하고 다른 사람들과 비교하지 말고 '배우자'는 생각이 들었다. 뱁새가 황새에게 배우면 된다.

비교하다가 한없이 자존감을 떨어트려 힘들어하면 나만 손해다. 물론 때론 비교도 필요하다. 비교는 뱁새와 황새의 모습이 아니라 어제와 오늘의 나를, 어린 시절 가지고 있던 꿈을 향해 걸어가는 지금 현실 속의 꿈도 비교해 보고 다시 방향을 설정하자고 마음을 다졌다.

어떤 직업을 가지고 살아가는 것도 중요하겠지만, "어떻게 사는 사람이 되고 싶니?"라는 것은 더욱 소중한 질문이다. 수많은 가능성이 열려 있다고 생각하며 '아리스토텔레스'의 말을 적용시켜 보았다. 현실에서 미래의 모습을 바라보지만 말고, 꿈이 이루어진 미래의 장소에 서 있다고 생각해보자. 미래의 장소에서 생각하고 있던 일을 하고 있는 자신을 만나보자. 그날의 날짜도 정해보자. 그때, 사람들이 나를 뭐라고 부르는지 자신의 이름도 지어보자. 100세의 나, 50세의 나. 지금부터 20년 뒤, 30년 뒤 50년 뒤의 모습을 상상하고 기록하며 그려보자. 이렇게 준비하고 살아간다면 이루지 못할 것이 없지 않을까?

미래의 모습도 다 함께 행복하자, '다행쌤'으로 살고 있는 모습을 생각하면서 많은 사람들과 활짝 웃고 있는 나 자신을 만나는 시간이 행복하다. "다행쌤을 만나서 정말 다행이에요." "정말 고마운 다행쌤을 만나서 행복해졌어요." "다행쌤을 만나니까 일이 술술 풀렸어요." "다행쌤이 지어준 이름 덕에 수익이 커졌어요." 등 행복한 말들을 듣고 있다. '이름의 힘' 퍼스널 네임 그 자체가 브랜드가 된다. 다행쌤과 함께 만든 퍼스널 네임으로 모든 이들이 행복하게 살아간다.

주위를 밝은 빛으로 밝히고 가족, 지인, 함께 하는 많은 사람들이 행복하게 살기를 바란다. "해봐, 할 수 있어. 해봐야 알지." 해보라고 격려하고 뒷받침해 주는 멘토 역할로 자신의 삶을 당당하게 살아나가도록 돕고 싶다. 나 자신도 가족도 함께하는 주의의 사람들에게도 "하자, 해보자, 하면 된다."라고. 생각하는 대로 말하며 성공을 이루고 있는 나는 당신의 브랜드 가치를 높여 다 함께 행복하게 하는 브랜딩 전문가 다행쌤으로 살아간다.

05
멈춤으로 브랜딩 타이밍을 잡자

　때로는 멈춤도 필요하다. 급격하게 변화하는 세상에서 살아가다 보면 직장도 직업도 여러 관계에서 멀어지게 되는 경험을 할 때가 있다. 이럴 때 미래가 불안해진다. 잠시도 쉬지 않고 열심히 달려왔는데 급격히 변화하는 세상에서 뒤처질까 봐 초조하기까지 하다. 하지만 변화가 급격할 거라는 생각은 우리의 생각일 수 있다. 위기가 갑자기 올 수도 있다. 하지만, 대부분의 예정된 결과는 미리 알 수 있는 경우가 많다. 날씨도 예측이 가능하다. 삶의 위기나 어떤 변화도 마찬가지다. 바쁘다. 불안하다. 힘들다. 라는 부정적인 생각이 든다면 그때는 잠시 멈춤이 필요한 때이다.

　메모의 중요성은 아무리 강조해도 지나치지 않는다. 바쁘게 열심히 살고 있는데 원하는 대로 변화가 일어나지 않는다. '무슨 일이지? 어떻게 해야 하지?' 답답함이 생겼을 때 메모에 관한 책을 읽게 되었다. 그리고 싱크와이즈 앱을 알게 되었다. 머릿속에 있는 생각들을 효율적으로 꺼내어 놓고 싶었다. 메모를 한다는 것은 시간의 주인이 된다는 것이다. 누구에게나 24시간의 하루가 주어진다. 1,440분. "효율이 높은 사람은 시간을 관리할 때, 자신의 시간을 어디에 쓰고 있는지 정확하게 안다." 라고 경영학자 '피터 드러커'는 말했다. '내 시간의 주도권은 누가 가지고 있는가?'라는 질문의 답을 찾아보기로 했다. 시간도 메모를 하면 자료가 된다는 것을 알고부터 자투리 시간을 적어보았다.

일을 시작하기 전 10분 책 읽기, 5분 일정 체크하기, 5분 일 순서 정하기, 2분 스트레칭하기, 10분 뉴스 챙겨보며 글감 찾기, 3분 이메일 확인하기, 5분 책상 방 정리하기, 20분 잠 보충하기 등 자투리 시간을 메모하고부터는 두서없이 시간을 흘려보내지 않게 되었다. 이렇게 정리를 해두고 매일 반복하다 보면 자투리 시간의 개념을 가지게 된다. 습관이 되는 것이다. 시간의 유연성도 가지게 된다.

24시간은 짧지만 1,440분은 왠지 길게 느껴진다. 1,440분 안에 자투리 시간을 넣어놓고 메모를 했더니 시간이 늘어나는 느낌도 들었다. 1분, 3분, 10분 시간을 같이 사용하더라도 의식적으로 자투리 시간을 체크 하면 일을 대하는 마음가짐이나 시간의 흐름이 차이가 느껴진다. 자투리 시간은 의식하지 않으면 누구나 흔적도 없이 스쳐 지나간다. 늘 쫓기며 일을 하는 사람이 아닌, 시간을 효율적으로 이용해서 일의 효율을 최대로 높이고 삶의 가치를 인정할 수 있는 사람이 되는 것이다. 시간이 없어서 못한다는 말은 이제 하지 말자. 시간을 주도하는 사람은 '나'이다. 하루 1,440분의 주인이 되자.

　창의적인 기업가 J. P. 모건은 "창의성을 죽이는 것은 스트레스다. 시간으로 인한 스트레스는 더 열심히 일을 하는 것처럼 보일지라도 결국엔 사람과 일 그리고 전체를 건조하게 말려버리는 결과를 가져올 수 있다"라고 말을 했다. 릴랙스 한 삶은 '빠름과 바쁨의 삶'을 조절할 수 있다.

　브랜딩도 마찬가지다. 자신의 미래 계획을 세우기 위해 자신의 지난 삶을 꺼내야 하는 시간이 필요하다. 여러 가지 해온 일들 중에서 미래에서 해야 할 일들에 쓰일 능력을 가려내야 한다. 마음의 긴장을 풀고 즐기는 마음으로 과거에 했던 일들을 꺼내어보자. 그리고 정리하고 비우는 시간을 가져보자. 이렇게 비우고 채우기를 반복하면서 브랜딩 타이밍을 만나기를 기다리며 목표지점을 향해 뛸 준비를 하는 것이다. 비울수록 더 새 기운으로 채워져 활기찬 자신을 만들어가게 될 것이다. 비워야 채움이 가능하다.

　모두가 원한다. 즐겁게 일하며 수익을 창출하기를 바란다. 어떤 모습으로 일을 하면 만족도가 클까? 구글(Google), 픽사(PIXAR) 회사의 이야기를 들으며 부러워하는 사람들이 많다. 생기 넘치는 사무실 환경과 직원들이 스스로 꾸미는 자기 사무실 등, 회사가 마치 즐거운 놀이터 같다. 이로써 일하는 사람들의 아이디어 생산력을 극대화한다. 어느 장소에서 일을 하던지 일의 주체는 자신이다.

 자신만의 루틴을 찾아보자. 일을 할 때 재미있게 할 수 있는 루틴을 만들어 보자. 루틴은 '특정한 작업을 실행하기 위한 일련의 명령 또는 프로그램의 일부 혹은 전부'를 이르는 말이다. 1인 기업이라면 자신의 일하는 공간을 정하고 꾸며보자. 일하는 공간을 재미있게 만들어 보는 것이다. 공간이 가지는 의미는 생각보다 중요하다. 작은 공간이라도 의미를 부여하자. 주변을 정리하고 정해진 일을 할 때, 집중을 할 수 있는 공간의 확보는 일의 성과를 내는 것에 일조를 한다. '삶을 다시 살고 싶다면 책상을 정리하라'는 말이 있다. 하나씩 나의 상황을 정리하고 시작해 나가는 것도 방법이다.

 공간이 마련되었다면 그 공간에서 진행할 루틴을 정해 보자. 나는 하루 루틴을 이렇게 수행한다. 잠시 멈춤의 시간을 가지고 무엇을 해야 할지에 대해 눈을 감고 머리로 정리를 한다. 피그말리온 효과를 끌어오기 위해서이다. 그다음 정해진 시간에 거실 커튼과 창문을 연다. 거실에 놓여있는 책상을 물티슈로 닦는다. 노트북과 물 한 컵, 알람과 필기도구를 준비한다. 정해진 시간이 되면 일정 관리를 확인하고 해야 할 일의 순서를 정한 뒤에 모은 글감을 펼쳐놓고 알람을 누른다. 블로그 포스팅을 한다. 글감에 맞는 이미지를 작업하고, 동영상을 만든다. 블로그를 열어 만들어놓은 이미지와 동영상을 첨부하고 정리해놓은 글감을 배치해서 포스팅한다. 발행과 더불어 다양한 채널로 내보내기를 하면서 주변 사람들과 SNS에서 소통을 한다. 이렇게 나만의 루틴을 만들어서 매일 진행해 나가고 있다. 자신의 루틴을 만드는 일은 중요하다. 삶의 습관을 만들고 성장을 이루는데 중요한 요소이기 때문이다. 1,440분. 잠시 멈춤의 시간을 가지고 하루를 자신만의 성공습관으로 채우며 브랜딩의 타이밍을 잡아보자.

선택과 집중 브랜딩의 중요한 요소

'선택과 집중'은 자주 듣고 새기는 말이다. 중요한 것을 선택하고 우선순위에 따라 집중해서 성과를 만들어 낼 수 있다. 선택에 있어 결정하기 어려운 상황일 때가 있다. 이때는 책에서 답을 찾아본다. 선택을 할 때 망설임은 책임을 져야 하는 두려움일 수도 있다. 실패에 대한 두려움이 선택을 방해할 수 있지만 어떤 선택이라도 손해 볼 것 없다고 생각해보자. 성과야 나면 좋겠지만, 혹여나 실패를 한다고 해도 경험이 쌓여서 실력이 될 수도 있는 것이다. 선택도 시간을 단축시키는 것이 필요하다. 결정을 못 해서 우왕좌왕하다 보면 시간만 흘러가고 어떠한 성과도 기대하기 어렵기 때문이다.

선택에 있어서 자신만의 기준을 가져보자. 중요한 일을 할 것인가? 하고 싶은 일 또는 쉬운 일부터 할 것인가? 기준이 되는 자신만의 질문을 만들어 보면 선택의 기로에 서 있을 때 도움이 된다. 예를 들어, '반드시 해야 할 일인가? 목표를 이루는 데 있어 도움이 되는 일인가? 집중해야 할 시간은 얼마나 걸리는 일인가? 급하게 처리해야 하는 일인가?' 이런 기준을 세워두면 선택을 할 때 도움이 된다.

브랜딩을 할 때도 눈앞의 급급한 일을 처리하는 시간에 쫓기는 사람을 만나게 된다. 기준이 되는 질문들에 답을 꺼내고 자신만의 기준을 만들게 돕는다. 기준을 가지고 선택을 하게 되면 한 가지 일에 몰두해서 얻게 되는 성과가 크다. 자신의 능력을 최대한 발휘하고 이루고자 하는 목표를 실행하기 위해 선택과 집중은 중요하다.

삶의 길을 만드는 '브랜딩'은 남들과 달라야 살아남는다고 외친다. 이는 '왜 나여야만 하는가?'의 차별성이 있어야 한다는 것을 강조하는 것이다, 어떤 사람들은 남들과 다른 것에 겁을 내고 '나만 튀면 어떡하지?' 란 불안감으로 자기 의지를 꺾어 버리기도 한다. 스스로 부담스럽게 느낀다. 괴테는 "뭔가를 할 수 있거나 할 수 있다고 꿈을 꾼다면 그것을 시작하라. 용기 안에는 비범함, 기적, 힘이 있다."라고 했다.

남과 다른 것은 오히려 커다란 매력이다. 어떻게 발전시킬지 고민하고 빛나게 만드는데 도와줄 사람을 만나면 된다. 잊지 말자! 당신은 누구나 다 할 수 있는 능력보다 자신만 할 수 있는 그 '무엇' 가치 있는 그것을 가지고 있다. 그것을 찾아서 브랜딩을 하면 된다. 이 과정을 통해 단단해진 자신감을 갖게 되고 뜻을 세우고 움직이기 시작한다면 시야도 넓어지고 성공에 가까워진다. 내 것이 아니라고 생각했던 것들이 자신에게 조금씩 가까이 다가오는 것을 볼 수 있다.

브랜딩의 시작은 항상 선택과 집중에서 나왔다. 진로를 선택할 때, 이름을 정할 때, 무슨 일의 방향을 찾을 때 등 선택과 집중은 필수 요소이다. 예술고등학교 3학년 대상으로 독서 진로 이미지 코칭을 했던 때를 돌아보면 선택과 집중의 중요성을 알 수 있다.

대학 진학 실기시험 때 예술고등학교 학생들은 실기와 함께 면접을 시험 장소에서 바로 진행한다. 준비한 실기를 시험관 앞에서 최선을 다해 보이고 바로 정 자세로 서서 시험관의 질문을 받아 답을 해야 한다. 이때 이미지가 합격의 등락을 좌우하는 데 많은 영향을 끼친다. 숨을 고를 틈도 없이 시험관의 질문에 답을 해야 하는 시간도 길지 않다. 이 시간을 위해 브랜딩으로 이미지메이킹 준비를 할 수 있도록 도왔다. 시험관의 질문은 예상하기 힘들다. 미리 예상을 했다고 해도 상황의 변수가 많다. 하지만 브랜딩으로 자신을 정체성을 찾아놓은 학생들은 자신이 해야 할 대답에 있어 두려움도 헷갈림도 없다. 오히려 당당함으로 좋은 이미지를 심어주어 결과가 좋다.

브랜딩은 어려서부터 준비를 하면 좋다. '꿈이 뭐야?'라는 질문을 할 때부터 브랜딩을 해나가도록 도우면 어른이 되어서도 자신이 좋아하는 일, 잘하는 일을 선택하고 집중해서 더 나은 모습으로 계속 브랜딩을 해 나갈 것이다. 브랜드를 만들어 놓는다고 끝이 아니다. 브랜드가 계속해 서 발전해나가도록 움직여야 한다. 브랜딩은 누구에게나 필요하다. 누 구나 자신의 차별성으로 브랜드를 만들 수 있고 브랜딩을 해나갈 수 있 다. 부모로서 자신이 브랜딩이 되어있다면 자녀에게 더 행복한 모습으 로 일하는 멋진 시간을 보여줄 수 있고, 그 모습을 보고 자란 자녀도 브 랜드가 생기고 브랜딩 해 나갈 것이다.

차별성 있는 콘텐츠를 만드는 일은 다소 시간이 걸린다. 오랫동안 꾸 준히 할 수 있는, 무엇보다 자신이 하고 싶은 일에 차별성과 넓은 시야 를 가지고 만들어 나가면 된다. 평범한 사람이라도 차별성을 가지고 꾸 준히 실행을 해 나가면 다른 사람들에게 자신의 존재감을 알리고 자신 만의 브랜딩에 성공하게 된다. '나의 길은 내가 만든다.' 선택과 집중은 브랜딩의 필수 요소이다. 시간을 아끼고 싶다면 브랜딩 전문가 '브랜드 마케터' 다행쌤과 같은 멘토를 찾는 것도 좋은 방법이다.

07

브랜딩으로 성공을 만드는 사람들

브랜딩으로 성공을 만들어가고 있는 사람들을 소개한다. 본캐와 부캐의 균형을 잘 맞추어 활발한 활동을 하고 있다. 오프라인에서 온라인까지 팬데믹 시대에서 가상현실 시대의 무대를 배움으로 연구하고 나누고 있다. 무엇보다 이들은 행복하다고 말한다. 나 자신의 행복이 얼마나 중요한지를 알고 행복의 중요성을 많은 사람들에게 전하며 꿈을 펼치고 있다.

–사람들의 인생에 성장과 성공을 돕는 '1080CR독서법 김교수' 인생 조율사!!!

그는 30년 동안 피아노 조율사로 살고 있다. 음악을 좋아한다. 어려서부터 주일학교 교사를 지원해 아이들을 챙기고 돌보는 일에 즐거움을 가지고 살았다. 고등학교 3학년 졸업 후에 진로를 찾고 있을 때 TV에서 운명처럼 피아노 조율을 만나게 된다. 피아노 음을 맞추는 피아노 조율사의 모습을 보며 앞으로 평생 할 일은 '피아노 조율사'라는 생각을 갖게 되었다. 실행력이 좋았던 그는 피아노 조율사로 활동할 수 있는 자격증을 취득하면서 인생계획을 세웠다.

　피아노 조율은 나이가 들어도 평생 할 수 있는 일이라는 확신을 가지고 열심히 배우고 연구하며 피아노 조율을 해 왔다. 피아노를 사람의 몸에 비유를 하며 일에 대한 철학을 담았다. 만학도로 40살에 대학교, 대학원에서 공부하며 자신의 프로필을 쌓아갔다. 대학교 전속 조율사, KBS 아트홀 전속 조율사, 연주 홀, 연주 단체, 음악 전공자, 교회, 관공서, 학교 등 전속 조율사로 일하고 있다. 피아노가 있는 곳에 자신의 피아노 조율 철학을 담아서 알리고 여러 활동을 통해 주변에서 피아노 조율을 추천받았다.

　실력 있는 피아노 조율사를 알리기 위해서 블로그를 각 콘셉트 별로 운영하고 상위 노출이 되도록 진행했다. 성공적이었다. 김교수의 부캐는 1080CR독서법의 마스터로 활동하도록 마케팅과 브랜딩을 했다. '1080CR독서법 김교수'가 퍼스널 네임이다. 책을 좋아하고 빠르게 읽을 수 있는 그는 브랜딩을 하고 월 천 이상의 수익을 내고 있다.

　그는 현재 1호 '대한민국 피아노 조율 수리 대한 명인'이다. '지구 30바퀴 피아노 조율사', '글 쓰는 피아노 조율사', '책 읽는 피아노 조율사', 1시간에 2~3권 책 읽기 '1080CR독서법 스킬'을 가르치는 사람으로 다행쌤은 브랜딩을 했다. 지금은 '대한민국 대한 명인 피아노 조율사'와 더불어 사람들의 인생에 성장과 성공을 돕는 '1080CR독서법 김교수'로 왕성하게 활동 중이다.

－꽃밭 속 정원사 승구쌤 / 월천대디 슈퍼맨

한 직장에서 20여 년을 근무했다. 아내와 첫째 딸과 행복하게 지내고 있었다. 그에게 둘째, 셋째 쌍둥이 자매가 태어났다. 세 자매의 아버지가 되었다. 세 자매의 아버지가 되고 보니 딸들에게 '어떻게 해야 더 좋은 것으로 채워 줄 수 있을까?' 하는 생각에 어깨가 무거워 왔다. 그를 '1080CR독서법' 스킬 과정에서 만나게 되어 브랜딩을 하게 되었다.

승구쌤의 블로그 네이밍 '삼대디'는 스스로 지었다고 한다. 온라인에서 만난 승구쌤에게 물었다. "삼대디 라고 네이밍을 하게 된 이유가 있어요?" 그는 덤덤히 이렇게 말했다. "저에게는 세 명의 딸들이 있습니다. 쌍둥이가 태어나면서 세 자매의 아버지가 되고 보니 외벌이 직장인의 급여로 다섯 식구가 넉넉히 살기가 힘들겠다는 생각을 갖게 되었습니다. 육아휴직을 하고 부수입의 일을 찾다가 온라인 마케팅 공부를 하면서 블로그를 다시 시작하게 되었고 블로그 네이밍을 삼대디로 정했습니다." 이 말을 들으니 한국의 아버지, 가장들의 삶의 무게가 느껴졌다. "어머, 삼대디님은 세 자매들과 아내까지 꽃밭 속에서 사시는군요. 그럼 꽃밭 속에서 살고 꽃밭에 좋은 양분을 주고자 하는 정원사의 마음이 느껴지는데 블로그 퍼스널 네임을 '꽃밭 속 정원사' 어떨까요?" 이렇게 '삼대디'는 '꽃밭 속 정원사 승구쌤'으로 변화를 시작하게 되었다.

이름이 바뀌니 마음가짐이 달라진다고 했다. '삼대디'였을 때는 그야말로 열심히 사는 아빠가 되어야 했다. 얼굴에서 웃음이 점점 사라지고 힘들다는 생각과 잘해야 한다는 무게감이 어깨를 짓누르게 되었다고 고백했다. '꽃밭 속 정원사 승구쌤'으로 다시 태어나고부터, 일단 입가에 웃음꽃이 핀다. 가족을 보는 관점이 달라졌다. 세 자매와 아내는 꽃이 되었고 아빠는 가장으로서 행복한 정원사가 되었다.

이름이 바뀌면 불리는 대로 자신이 듣고 생각하게 된다. 들리는 대로 꽃밭 속에서 살고 있는 정원사는 매일 감사와 행복을 느낀다. 꽃 한 송이마다, 사랑스럽고 소중한 느낌이다. 코로나19로 어려운 시기에 브랜드 마케터 '다행쌤'이 브랜딩 한 '꽃밭 속 정원사 승구쌤'은 '월천대디 슈퍼맨'으로 온·오프라인 시장에서 행복하게 왕성한 활동을 하고 있다.

－꿈과 희망을 영원히 응원하는 꿈희영

　그녀의 꿈은 선생님이었다. 영어 영문과를 졸업한 그녀는 학원 강사, 학원장을 하며 꿈을 이뤄가며 살고 있었다. 가족이 아팠고 한순간에 가장이 된 현실 속에서 다른 직업을 갖게 되었다. 어릴 때 꿈이었던 선생님은 가슴 한편에 묻어두고 찾은 직업이 파이낸셜 상담직을 25년째 해오고 있다. 교장 선생님이셨던 아버지는 늘 책을 보셨다. 한평생 어머니도 노환으로 시력이 약해지기까지 필사를 하셨다. 언제나 책을 가까이하셨던 부모님의 영향인지 그녀도 책을 좋아한다. 특히 마음을 다스리는 책을 많이 보고 삶이 힘들수록 책을 구입했다 어느날, '어떻게 하면 집에 쌓여 있는 책을 다 볼 수 있을까?' 하는 의문이 생겨 '1080CR독서법'을 찾아왔다. 한 단계씩 밟아 나가는 동안 그녀에게 끈기와 성실함이 남다르다는 것을 느끼게 되었다.

　잘하고자 하는 욕심도 있어 보였고. 하나씩 보이는 강점은 코칭을 통해 꺼내어 놓았다. 우선 사람들의 마음을 어루만져 용기를 심어주고 싶은 '선생님'의 마음을 알게 되었다. 자신이 간직해온 꿈이 꿈틀대며 나오기 시작했다. 브랜드 네임을 생각하다가 사람들에게 꿈과 희망을 주고 싶다는 마음을 담아서 '꿈과 희망을 영원히 응원하는 꿈희영'으로 퍼스널 네임을 만들게 되었다. 자신의 이름에 의미를 불어 넣었다. "안녕하세요. 꿈과 희망을 영원히 응원하는 꿈희영입니다." 블로그나 SNS 또는 일을 하면서 자신을 소개할 때 이 멘트를 사용한다. 다른 사람들의 꿈과 희망을 응원하기에 '자신도 큰 기쁨과 희망이 커져 간다.'라고 한다.

브랜딩을 시작하기 전까지만 해도 마음공부만 열심히 했다고 한다. 그녀는 좋은 것이 좋다는 생각으로 마음의 안정을 찾기 위해 노력을 했다. '1080CR독서법'을 만나 다독을 경험하면서 마음 공부는 자신뿐만 아니라 많은 사람들을 돕고 응원하는 도구가 되었다. 우리는 그녀를 '꿈희영쌤'이라 부른다. 그녀는 늘 '무엇을 해야 할지 모르겠다. 특별한 재능이 없는 것 같다.'는 생각을 가지고 찾았던 시간에 대한 정리가 되어가고 있어 행복함이 크다고 한다.

현재도 브랜딩은 진행 중이다. 남보다 잘하는 재능과 강점을 찾는 일이 아니라 자신 안에 있는 능력을 비교해 재능과 하고 싶은 일, 잘할 수 있는 일을 찾아간다. 5060 세대에게 '할 수 있다. 해 보자.'라고 외치는 코치가 되도록 자격증도 취득했고 연구소장도 되었다. 1인 기업가로 활발한 활동을 하고 있다. 브랜딩의 힘은 희망을 보게 한다는 것이다. 앞으로 나아가고자 하는 새로운 나를 만나는 즐거움과 반가움이다. 매일 감사로 하루를 살고 있는 '꿈희영쌤'은 배움의 즐거움을 사람들에게 알려주고 싶다고 한다. 그녀는 도전한다. 대학원에서의 배움과 연구도 앞으로 꿈희영쌤이 세상에 많은 선물을 하게 될 것이다. 브랜드 마케터 '다행쌤'과 함께 만든 '꿈희영', '독서 해피해라'로 행복한 활동을 하고 있다.

–강사 중에 강사, 명강사 브랜딩 '미소박사 이미소'

"강사는 철학이 있어야 해요. 쉽고 자연스럽게 생각하세요. 아는 척, 있는 척이 아닌 자신의 강점을 자연스럽게 명품으로 만들어 보세요." 실버교육 강사 양성을 30여 년 넘게 해오고 있는 이미소 박사의 말이다. 코로나19로 비대면 교육을 했던 당시 '1080CR독서법' 줌 화면에서 눈에 띄었다. 항상 활짝 화통하게 웃는 얼굴. 그 미소는 누구도 흉내 낼 수 없다는 느낌을 받고 강한 인상이 남았다. '1080CR독서법' 스킬이 너무 재미있다며 열심히 참여를 했고. 과정을 거듭해 나아가며 '1080CR독서법'을 많은 사람들에게 알려 주어야겠다는 사명도 생겼다. 특히 실버교육 강사들이 독서를 통해 자신을 찾아 사람들을 더욱 이해하고 넓게 소통했으면 하는 바람이라고 한다.

강사는 건강만 유지할 수 있으면 평생 즐겁게 할 수 있는 직업이다. 강사들이 자신의 강의에 품격을 높이는 명강사로의 브랜딩을 돕고 있다. 오랫동안 강사 양성을 해온 노하우를 정리하는 작업의 시간을 갖게 하는 것도 브랜딩 과정 중 하나이다. 우리는 그녀를 강사들을 명강사로 가치를 높이도록 돕는 명강사 브랜딩 전문가 '미소박사 이미소'라고 부른다. 실버교육 강사들에게 명강사 강의 철학을 심어준다.

우선순위를 정해서 명강사가 되기 위해 자신들이 갖고 있는 재능을 파악하고 끌어주는 브랜딩 능력이 탁월하다. 강사로서 자신만의 콘텐츠를 명

품화 시키는 강사력을 높이도록 중점적으로 코칭 한다. 그녀는 '1080CR 독서법'을 만나서 다양한 독서법 스킬과 더불어 다독을 한다. '미소박사 이미소'의 퍼스널 네임을 갖고부터 생각해오던 일들을 순서대로 진행하고 있다. 앞으로 많은 이들과 할 일이 많다고 한다. '뿌듯함이 밀려온다'라고 늘 말한다. 강사 중의 강사 명강사 브랜딩 전문가 '미소박사 이미소'의 왕성한 활동을 응원하며 함께 행복하게 나아간다.

많은 사람들이 '나이가 많아서, 내 나이에 할 수 있을까요?'라고 이야기 한다. "나이와 상황은 누가 정해놓은 것 이길래 도전을 접을까?"라는 질문을 던져본다. 남들이 정해놓은 선을 스스로 밟고 남들이 하듯 따라서 살아가게 된다. 불편하지 않아 그렇게 지금의 편안함으로 그냥 살아가고 있지는 않은지? 누가 잘 살았고, 못 살았고 판단 기준은 정확하지는 않다. 하지만 삶이 불만족스럽거나 삶의 변화가 필요하다면 용기를 내어 자신의 가치를 다시 발견하고 브랜딩 하면 된다. 내 인생의 나이보다 마음속에 불타고 있는 꿈을 찾자. 찾았어도 늦었다는 생각 때문에 시작하지 못하는 것이 아닌 용기를 내자.

도움을 받자. '상황이 아니어서, 나이가 많아서' 이런 핑계를 대지 말고 문밖에서 기다리고 있을 성공에게 문을 활짝 열어주자. 분명 기회는 두 팔을 뻗고 우리가 다가오기만을 기다리고 있을 것이다. 용기는 가지고 핑계는 버려버리자.

계속해서 용기를 낸 많은 사람들이 다행쌤과 함께 브랜딩을 만들어가며 자신의 강점을 발견하여 콘텐츠를 만들고 키워가는 일을 해가고 있다. 우리는 행복한 성공을 위해 오늘도 파이팅을 외치며 앞으로 나아간다.

08
꿈과 변화로 성공을 만드는 '브랜딩'

누구나 더 나은 삶을 바라며 산다. 어떤 힘든 장애물을 만날지라도 우리는 여전히 어제보다 더 나은 내일을 꿈꾼다. 수많은 사람들의 성공 스토리가 들려오고 나 자신도 그들처럼 될 수 있을 거라는 상상을 해 본다. 세상의 성공 문턱이 높아 보이기도 하지만, 어제의 나보다 오늘의 후회 없는 삶의 길을 걸으리라 다짐을 한다. 3년, 5년, 10년 후 내 모습을 그려본다. 오늘보다 더 나은 삶으로 더 나은 삶을 꿈꾸어 보는 것만으로도 멋진 변화가 되기에 충분하다.

브랜딩에서는 관점이 중요하다. 관점은 철학에서 사고를 특정하게 진술하는 방식으로 개인적 견해로부터 무엇인가를 이해하고 생각하는 태도이다. 즉, 어떤 것에 대해 내가 가진 생각과 생각에 따른 행동을 말한다. 결국 자신이 가진 생각을 중심으로 오늘과 내일, 미래의 모습을 만들어가면서 오늘도 ing이다. 관점은 지극히 개인적인 견해이므로 다른 사람과 달라도 이상하지 않다. '누가 옳고 그르다' 고 이야기하는 것이 아니기 때문이다.

살아가면서 내가 듣고 싶은 것만 듣고 때로는 소통의 부재를 겪어본 일이 있다. 저마다 어떤 사물과 사건에 대해서 보이는 대로, 보고 싶은 대로 보게 된다. 오늘 생각하는 나의 관점, 내일을 맞이하는 관점, 사람들을 바라보는 관점은 '맞다, 틀리다.'가 아닌 관점이 '다르다, 차이가 난다.'라고 표현한다. '세상은 이렇게 사는 것이야!'라는 답을 내기란 쉽지 않다. 책 속에서 자신의 길을 찾아 떠난 많은 사람들의 인생 스토리를 만나면서 끊임없이 배우게 된다. 책 속의 스승을 만나자. 그리고 나누자. 나의 관점에 살이 붙고 방향성을 잡아갈 수 있을 것이다.

누구나 익숙해진 현실을 바꾸고 싶고, 새롭게 시작하고 싶어도 성공할 확신에 대한 믿음이 없기 때문에 두려움이 생길 수 있다. 변화의 필요성을 깨닫게 되었을 때는 '왜 진작 깨어나지 못했을까?' 하며 자책을 할지도 모른다. 지금이라도 깨달음의 늦음을 인정하고 시작하자. 바쁜 생활에 쫓겨 자신의 내면을 돌아볼 여유가 없이 살아오던 우리들이 관점을 바꾸고 변화를 꾀 하기 위해 기회가 온다면, 나이 핑계 대지 말고 받아들이자.

100세 인생에 늦은 나이의 숫자란 없다. 한때는 힘이 들고 어려운 일을 겪으며 내 안에 문제로 스스로에게 질책하며 힘들어했을 때가 있었다. 나의 안전지대를 벗어나 보려고 몸부림을 쳤지만 내 마음대로 환경이 따라주지 않을 때도 있었다. 책을 볼수록 실패를 딛고 올라서는 사람이 되고 싶었다. 실패를 겪었다 인정하고 주저앉아 버리는 사람이 되고 싶지 않았다. 책에서 이런 말이 눈에 보였다. 우리의 마음은 두 가지가 모두 공존한다. '스탠퍼드 대학'에서 발표한 연구에 따르면 이런 두 가지 마음을 고정 마인드 셋과 성장 마인드 셋이라 한다.

고정 마인드 셋은 사람으로 하여금 도전과 실패를 두려워하게 만들어 자신의 재능과 능력이 불변하고 고정되어있는 자질이라 믿는다. 아무리 노력해도 자질을 바꿀 수 없다며 성공을 제한한다고 한다. 반면, 성장 마인드 셋을 가진 사람들은 자신의 재능과 능력이 발전될 수 있다고 믿는다. 부단한 노력, 훌륭한 전략이 다른 사람들의 지원과 도움을 통해 현재 능력 수준을 높일 수 있고 누구나 자신의 재능을 성장시킬 수 있다고 믿는다.

내 마음속의 두 가지 마음을 마인드 셋 이론으로 들여다보며 이 질문에 답을 해 본다. 지금 하고 있는 일을 나름대로의 방식으로 발전시켜 전문가가 될 수 있는가? 여기에는 지금 하고 있는 일을 계속하고 싶은가? 이미 눈치를 챘겠지만, 두 가지 마음 중 어떤 마인드 셋을 장착할 것인가의 선택은 스스로의 몫이다. 성공하기 위해서는 도전을 두려워하지 않는다. 좌절과 실패에 굴하지 않고 목표를 추구할 줄 아는 성장 마인드 셋을 장착하기로 마음을 먹었다. 성장하고 발전하고 성공할 것에 대한 믿음의 마인드를 세팅했다. 꿈이 보였다. 행동을 한다. 그리고 변화를 느낀다.

브랜딩은 그것을 돕는 것이다. 하루에 쏟아져 나오는 책도 많고, 많은 책들이 베스트셀러에 진입을 한다. '○○하기 위한 ○○가지, ○○○한 비법' 등 우리에게 도움을 주는 비법서가 즐비하다. 이 책들의 논리는 단순하다. 이것만 따라 하면 성공할 수 있다는 어떤 신념이 있기 때문이다. 우리는 손만 뻗치면 책에서 비법을 만날 수 있다. 자신만의 비법을 만들면 된다.

에피소드 하나를 나누어본다. 최고의 무술 고수가 되기 원하는 두 청년이 있었다. 한 청년은 타고난 운동 신경으로 하나를 배우면 열을 깨우쳤고 금세 주변에 적수가 없을 만큼 성장했다. 또 한 명의 청년은 특별한 재능이 없었지만 누구보다 무술을 즐기고 좋아했다. 그는 자신이 모자란 것을 알기에 항상 배우려고 노력했다. 이 두 청년이 사는 마을에 오래전부터 최고의 무술 고수가 될 수 있다는 비법서 한 권이 전해지고 있었다. 두 청년 모두 궁금해서 훔쳐보게 되었다. 그 비법서를 펼친 순간 책에는 아무 내용이 없이 자신의 얼굴만을 비추고 있었다.

첫 번째 청년은 큰 실망을 하고 마을을 떠났다. 하지만 또 한 명의 청년은 "모든 사람에게 맞는 비법이란 없다. 오직 나 자신이 있을 뿐이다. 내가 뜻을 세우고 열심히 한다면 바로 나 자체가 비법이다."라는 깨우침이었다.

　다른 사람의 비법에 목매지 말자. 하나씩 배우고 연구하고 나누며 자신의 비법서를 단단하게 만들어가자. 꿈과 변화로 성공을 만드는 브랜딩을 당장 시작하자.

09

1인기업 '나', '너', '우리' 행복을 위한 브랜딩

    온라인 마케팅으로 사업을 펼치고 있는 1인 기업가로서 여러 플랫폼 중에 블로그마케팅은 매력적이고 포괄적인 브랜딩의 최적화라고 말할 수 있다. 브랜딩 블로그마케팅 효과를 직접 경험하고 시작하게 된 것이 '나 행복 브랜딩 연구소'이다. 브랜딩에 있어 블로그는 자신의 강점을 찾아가며 콘텐츠를 만드는 플랫폼으로 활용하기에 좋다. 모든 비즈니스에서 브랜딩을 해나가면서 가장 중점을 두는 것은 브랜딩의 주체인 '나'의 '행복'. 자신의 행복이다. 자신이 주체가 되지 않는다면 세상에 영향을 끼치는 콘텐츠를 만들기가 어렵다. 현실을 직시하고 보다 나은 미래를 위해 브랜딩이 필요하다면 나의 행복을 제일 먼저 우선시하자고 강조한다.

    브랜딩 코칭을 하면서 "미래의 모습을 그리는 법을 알고 있나요?"라고 물어보면 대부분은 잘 모른다고 답한다. 미래의 모습을 구체적으로 그려 보는 것은 무엇을 해야 할지에 대한 방향을 잡아갈 수 있는 중요한 방법이다. 앞으로의 10년 뒤의 모습을 그려보며 현재 시점으로 생생하게 그려보는 것이다. 10년 동안 일어날 일을 미리 알 수는 없지만, 나를 알고 나에게 맞는 일이 무엇인지를 생각해보자. 미래의 내 모습, 그 일을 행복하게 하고 있을 나를 그려낼 수 있다. 나 행복 브랜딩 연구소에서는 브랜딩 코칭을 통해 다소 시간이 걸리더라도 가야 할 길에 대한 두려움을 떨쳐버릴 수 있도록 돕는다. 꿈을 향해 걸어가는 길동무가 되어 주고 단단해지는 자신감을 갖도록 도움을 주는 일이 나 행복 브랜딩 연구소가 하는 일이다.

'나'의 행복을 찾게 되면 '너'의 행복도 보인다. 가족과 지인들의 행복에도 관심을 갖게 된다. 엄마가 행복하고, 남편이 행복하고, 자녀들이 행복하면 주변의 사람들이 영향을 받는다. 브랜딩은 '나', '너', '우리'의 행복을 찾아가는 과정으로 그 중요성을 아무리 강조해도 지나치지 않는다.

브랜딩을 하며 독서가 매개체가 되어 부부가 힘을 모으게 되었고 아내가 남편을 브랜딩 하게 되었다. 독서로 비전과 사명을 찾은 김교수와 다행쌤은 부부 1호 행복성공 메신저로 대한민국 범국민 독서 운동에 이바지하고자 한다. 비대면 시대 온라인에서 활동하며 사람들에게 독서에 대한 정독의 강박관념을 해방시키고 다독으로 책을 즐기며 읽도록 돕는 독서 운동을 하고 있다.

나 행복 브랜딩 연구소로 시작된 1인 기업은 '1080CR독서법'과 '1080플러스독서법'을 탄생시켰다. 독서의 인풋은 감사한 선물이다. 인풋의 양에 따라 아웃풋의 질이 좌우됨을 경험한 김교수와 다행쌤은 독서로 '부익부 빈익빈' 현상이 나타나지 않기를 바란다. 독서의 필요성은 느끼지만 책에 흥미를 느끼지 못하는 사람이 국민 절반이라는 통계 발표가 있다. 이 상황은 분명 극복해야 한다. 우리 자녀들이 살아갈 세상을 위해서 어른들의 독서량을 늘려야 한다고 이야기하고 싶다.

독서는 자녀와 부모의 생각 차이를 좁혀주고 세대 간에 이해와 행복을 더할 수 있는 긍정적인 매개체임에 틀림없다. 독서를 잘하도록 돕고 독서법을 쉽고 재미있게 알려주는 사명을 가지면서 독서의 재미를 모르는 이에게는 흥미로움을 더 해주고, 독서를 아는 이에게는 독서법을 강화시켜 함께 꿈을 발전시키고 이루어가는 행복한 삶을 살아가고자 한다.

1인 기업 운영은 K컬처아트교육협회를 만들었다. "사람과 사람이 모이면 문화가 되고 문화가 극대화되면 예술이 된다." Korea Culture Art Association의 슬로건이다. 어제보다 나은 삶을 살아가고자 노력하는 사람들의 교류를 적극적으로 진행하고 있다. 새로운 미래를 연구하고 준비한다. 생동감 넘치게 누구나 자신의 콘텐츠를 개발하고 확장시켜 활동할 수 있도록 돕는다. 서로 문화를 만들어가기 위해 새로운 미래 '행복'의 가치를 재 정의한다. 현실 속에서 어려움을 극복하기 위해 힘을 뭉치고 상생할 수 있는 방법을 함께 만들어가는 협회는 메타버스(Meta+Universe 현실을 초월한 3차원 가상세계)에서 협회 창단식도 했다. 우리의 삶이 조금 더 의미 있게 행복함을 유지하고 발전을 하기 위해 함께 재능을 맘껏 펼칠 수 있는 협회로 발전해 나갈 것이다.

이 밖에도 1인 기업으로 브랜딩을 해나가며 K컬처아트 교육협회에서 주관하는 미디어 신문, 경기도에 등록된 세계문화예술신문도 발행인과 편집국장을 맡고 있다. 스마트 미디어 시대에서 신뢰성과 유용성을 지니고 소통 환경을 조성하기 위해 출발했다. 사람과 사람, 문화와 문화, 예술을 이어 나간다. 정보 생산자로서 책임감을 가지고 지속적으로 브랜딩을 해나간다.

매일 작은 도전을 현실적으로 독려한다. 함께 고민하고 성장해나가는 사람들의 문화를 언론에 담아 진실된 가치를 극대화하기 위해 최선을 다한다. 눈에 보이는 가치뿐만 아니라 눈에 보이지 않는 가치도 담기 위해 분석하고 사람들이 정보를 얻거나 공감을 할 수 있도록 함께 만들어가고자 한다. 주변 사람들에게 좋은 영향력을 끼치며 성장의 재미를 느끼게 하는 데 이바지할 것이다. 변화의 시대에 성장을 이루기 위한 효과적인 파트너십으로 1인 기업 '나', '너', '우리'의 행복을 위한 브랜딩은 계속되고 있다.

10

1인 기업, '브랜딩이 답'이다

우리는 전문가다. 자신이 잘하는 분야 또는 좋아하는 분야에서 전문가가 될 수 있다. 배우고 연구하고 나눠주면 된다. 누구나 1인 기업을 운영할 수 있다. 하지만 이 개념을 꼭 생각했으면 한다. 프리랜서와 1인 기업의 차이에 대해서다. 프리랜서는 스스로 시장 수요를 이끌어내기보다는 외부 수주로 인해 경제활동을 한다면, 1인 기업은 개인의 지식과 전문 서비스를 직접 제공하고 가치를 창출한다.

개인의 전문성을 중심으로 네트워크를 형성하며 속도와 방향 그리고 새로운 방식을 만드는데 노력과 집중을 아끼지 말아야 한다. 1인 기업, 1인 경영 시대 브랜딩을 구축해나갈 때 유의하면 좋을 4가지를 아래와 같이 정리해 본다.

먼저, 과거에 연연하지 말고 미래를 만들어가자. 분명 브랜딩을 해나가면서 실패든 성공이든 과거의 경험은 중요하다. 시간을 투자했던 과거는 버릴 것이 없다. 브랜딩은 인문학적인 내용부터 마케팅에 이르기까지 포괄적인 요소들을 담고 있다. 요즘은 '브랜딩'이라면 보이는 것을 위주로 마케팅에 중심의 비중을 두는 경향이 있지만, 1인 기업에서 가장 중요한 요소는 차별화. 브랜드 콘셉트, 콘텐츠가 무엇을 담고 있는가에 따라 오래, 멀리 지속해 가는 가치를 담을 수 있다. 1인 기업 브랜딩은 1인의 주체의 과거 역사를 중요시한다. 어떠한 과거라도 미래를 만들어가는 밑거름이 된다.

두 번째는 일을 포기하기 전, 자신을 믿어라. 창업하자마자 사라지는 1인 기업이 많다. 초기자금이 들지 않은 1인 기업은 사라지기가 쉽다. 본인이 포기하면 물거품처럼 사라진다. 환경이 어렵다고 해도 브랜딩이 잘 되어있는 1인 기업은 바람이 불어도, 눈보라가 쳐도 쓰러지거나 사라지지 않는다. 망설임이 있을 수 있어도 포기는 하지 않는다. 브랜딩 하며, 비전을 세우고 상호협력, 상생 네트워크를 형성한 1인 기업은 자신에 대한 믿음이 크다.

누구나 다른 사람과의 관계를 통해서만 자신의 가치와 잠재력을 깨울 수 있다. 지나친 경쟁 관계가 아닌 이루고자 하는 미래의 성공에 필요한 인간관계와 파트너십을 가지고 서로를 위한 시너지 효과를 창출하자.

자신을 믿고 나아가자.

세 번째는 때론 속도를 줄이고 방향성의 전략을 수정할 필요도 있다. 1인 기업에게 필요한 부분은 창의적인 활동이다. 산업화 시대에서는 생산성이 경쟁력 척도이기도 했다. 지식산업의 시대에서는 더 이상 속도보다는 방향이다. 속도를 줄이고 방향성의 전략의 추이를 살펴보면 충분히 가능성이 보인다. 시간에 일을 집어넣어 자신을 단순한 기계처럼 소모하지 말고 일에 집중하며 마음에 여유를 가져보는 것이다. 만족도가 높은 작품으로 만들 청사진을 그려가며 일의 순서를 정하고, 불필요한 요소는 모두 제거해 보자.

브랜딩을 해나가는 것은 시간을 확보하는 것이다. 다행쌤 과 김교수는 '부부 1호 행복성공 메신저'로 브랜딩 의뢰자들과 함께 여행을 떠난다. 자신의 일에 관한 속도와 방향에 대한 설계를 하기도 하는데, 이때 성공 여부는, 얼마나 자신의 마음을 열고, 내려놓느냐가 관건이다. 처음은 쉽지 않게 시간을 내어 보지만 여행의 쉼은 창의력에 발동을 걸게 하는 원동력이 된다. 1인 기업이 될 자신만의 지식, 재능, 생각을 충분히 꺼내고 잠재력을 깨워보는 시간을 갖도록 하자.

네 번째는 배움은 꼭 나누어라. 브랜딩은 파트너십을 중요시한다. 효과적인 파트너십은 서로의 재능을 발견하고 개발할 수 있도록 해주며 재능을 한데 모아주는 것이다.

　개개인이 가지고 있는 지식과 기술, 아이디어를 하나로 엮어서 독창적인 해결방안을 창출해 내는 것이다. 시간을 배움에 투자했다면 꼭 나누면서 파트너십을 가져보자. 우리의 성공에는 더 많은 파트너십이 필요하다. 나눔으로 결속력을 가지고 협력한다면 대부분의 일들이 이전보다 잘 풀릴 것이다. 1인 기업은 다른 사람과의 관계에서 비롯된다. 노자는 이런 말을 했다. "다른 사람을 아는 사람은 현명한 사람이고 자기 자신을 아는 사람은 모든 것에 통달한 사람이다." 현명한 사람에서 통달한 사람까지 우리는 함께 노력하면 만들고 이루어갈 수 있다.

　윈윈 파트너십 책에서 만난 '스티븐 스토웰' 미국 컨설팅 및 기업교육 회사인 CMOE의 회장은 "인생은 배우는 것이지 완벽한 것이 아니다."라고 말했다. 인생에 대해 깊이 생각해보는 1인 기업가는 분명 성공의 가치를 아는 사람이다.

　인생은 매일 아침에 깨어나 나 자신과 내 주변에 대해 새로 발견할 무언가가 남아있음을 알아가는 과정이다. 여전히 나 자신과 내 주변을 변화시킬 기회가 많음을 알아가는 과정이 인생이다.

　인생은 성장이다. 매일매일 순간순간마다 어떤 결정을 내리고 행동을 할 때마다 조금씩, 천천히 더 나은 사람이 된다. 더 잘해 나가기도 한다. 때로는 숨 막히는 전율과 도약으로 인생은 희망이다. 과거가 미래를 붙잡으려 할 때도 우리는 가야 할 곳을 알기에 내일은 오늘이나 어제와는 다를 것이라는 희망이 있다. 인생은 실수와 실패를 통해 교훈을 얻고 성장의 기회와 변화를 원동력으로 삼는다. 평생 동안 가치 있는 경험을 간직하며 나눔의 아름다운 배려가 함께 하는 것이 인생이다.

  인생은 배려하는 것이다. 스스로를 위로하고 완벽하지는 않더라도 우리 삶의 언저리에 있는 모두에게 관용을 베푸는 것이다. 인생은 때로는 쉽게 느껴지기도 하고 미처 깨닫지 못해 견디기 어려울 때도 있다. 인생은 배우는 것이지 완벽한 것이 아니기 때문이다.

  '나', '너', '우리' 혼자가 아닌 함께 "브랜딩이 답이다." 당신의 브랜드 가치를 높여 다 함께 행복하게 하는 브랜드 브랜딩 마케터 다행쌤은 오늘도 "다 함께 행복 합시다"하며 밝은 모습으로 인사를 건넨다. 한 사람의 브랜드를 발굴하고 콘텐츠를 만들어 가치를 높이는 브랜딩이야말로 함께 성장하고 성공을 이루어나갈 것이다. 우리 모두의 결론은 해피엔딩이다. 누구에게도 우리의 행복을 빼앗기지 말자. 내가 행복하면 세상이 행복해진다. 우리의 브랜딩은 세상을 밝힐 것이고 행복을 나눌 것이다. 함께 이루어나가자. 다행쌤이 끝까지 응원하며 함께 할 것이다. 될 때까지 하자. 하면 된다. 포기하지 말고 끝까지 용기를 잃지 말자.

1인 창업 5인 5색 스토리

1인 창업 실행이 답이다 ──

The real business start-up

IV

김보림

20년동안 한동네에서 영어학원을 하면서 학원운영과 마케팅에 관심을 가지다가 소상공인들의 고충을 덜어주는 마케팅 강사로 제 2의 직업을 가지게 되었다.

남편의 사업을 도와 소상공인들에게 마케팅을 실천적으로 보여주며 라이브 커머스와 다양한 쇼츠 폼에 특화된 영상 편집 기술을 보유하고 있다.

2021년 창원을 알리다에서 브랜드 상을 수상하며, 소상공인들에게 필수적인 마케팅과 스킬들을 전도하고 있다.

김보림

김보림영어전문 대표
창원SNS마케팅학원 대표

▶ www.youtube.com/c/2youtv
Ⓒ https://cafe.naver.com/allsnsmarketing
Ch http://pf.kakao.com/_hxelkb
♪ https://www.tiktok.com/@bolimenglish

매일 공부하고
매일 수익화 하자

영어학원 원장에서 맛케터가 되기까지

01

성공은 시련의 크기에 비례한다

평범한 중학교 시절을 보냈다. 부잣집 딸로 살았던 엄마 덕분에 우리 가족들은 어려움 없이 살았다. 그 시절, 할아버지에게 카폰으로 "할아부지 새우깡 사줘"라고 응석 부리면 새우깡을 박스째 사 들고 올 정도로 귀여움을 독차지했다. 하지만 우리 가족들의 편안한 삶은 그리 오래가지 못했다. 그 당시 IMF 경제위기로 우리 동네 사람들에게 현실적으로 감당할 수 없는 일이 벌어졌다. 1997년 아래층 정숙이 아줌마가 동네 아주머니들을 상대로 몇십억을 사기 치고 야반도주를 한 사건이다. 그해 엄마는 당뇨를 얻으셨고, 마음을 못 잡은 아버지는 집을 들어오지 않고, 도박장에 앉아 계셨다. 가해자는 도망을 간 상태였고, 동네 아주머니들은 정숙이 아줌마 집에 경비실 아저씨 입회하에 문을 열고 들어갔어도 주거 침입죄로 줄줄이 경찰서로 연행되는 황당한 사건이 벌어지기도 했다. 어떤 사람은 정숙이 아줌마 딸 직장에 찾아갔다가 영업 방해죄로 경찰에 구속되기도 했다. 시간은 흘러 공소시효가 끝나고 가해자는 잘 먹고 잘살고 있었다. 돈 잃고 집도 잃고 풍비박산이 난 피해자들은 어떠한 행위도 할 수 없는 불합리한 경험의 세월 속에서 지켜보았을 뿐이었다.

집안의 엄청난 경제적인 압박과 더불어 나를 괴롭히는 것은 사춘기 시절 큰 스트레스가 되었다. 갑자기 생긴 여드름으로, 남들이 나를 쳐다보거나 말을 걸어오는 것도 내 여드름만 쳐다보는 것 같아서 남들과 대화하기 힘들었다. 또 하나는 살도 많이 쪄서 교복을 입고 다닐 수 없을 정도였다.

내가 그 당시 할 수 있었던 건 그냥 앉아서 책을 보는 것이 전부였다. 어떠한 재능도 물려받지 않았기 때문에 공부가 그나마 재능이 될 수밖에 없었다. 지금 생각해보면 공부한 것으로 엄청난 빛을 발휘한다는 걸 고등학교 시절 알았더라면, 더욱더 열심히 공부해서 하버드, 아이비리그라도 들어갔을 것이다. 후회가 되지만 지나간 것은 지나간 것일 뿐.

대학을 들어가서 진정한 공부를 했다.

그저 벗어나려고 공부했다. 매일 공부하고 자격증을 사냥했고, 일거리를 찾아다니면서 하이에나처럼 나는 계속 먹이를 찾아 눈을 반짝일 수밖에 없었다. 언니와 나는 어린 나이에 부모님의 빚을 고스란히 떠안았다. 부모님께 대학 생활 내내 등록금 한번 지원받는 것도 쉽지 않았다. 언니와 나는 생활비를 해결해야 했고 학비를 벌어야 했기에 대학 생활동안 하루도 쉬는 날이 없었다. 이런 시련들이 오늘날 김보림을 더욱 단단하게 만들었다.

나는 살기 위해서 공부했고, 살기 위해서 수익화를 찾아야 했다. 대학 공부를 하면서 아르바이트를 닥치는 대로 뛰었다. 평일에는 대학 수업마다 쉬는 시간에 전산실에서 근로 장학생으로 일을 했고, 저녁이면 개인과외를 했다. 주말에는 식당에서 서빙 알바를 하면서 등록금과 생활비를 충당했다. 식당 서빙 알바는 시급을 받았는데 세 가지 시급을 합하면 한군데 과외비 액수와 같았다. 이후, 시간을 돈과 계산하기 시작했고 돈을 많이 버는 방법은 결국 공부라고 생각했다. 매일 공부했고, 공부한 것을 바탕으로 학생을 가르쳤다. 2002년부터 자격증 따는 것을 목표로 삼았다. 그때부터 자격증취득에 집중을 수익화로 이어지도록 노력했다. 그때 취득한 자격증의 종류들은 한국산업인력관리공단, 한국생산성본부, 민간자격증, 정 교사 2급 등이다.

매일 자격증에 대한 또 다른 도전을 하면서도 늘 지식에 굶주렸다. 지적인 굶주림을 자격증으로 채워 나가야 했었다. 만약 영어보다 더 좋은 수익화가 있다면 나는 언제든지 갈아타고 싶은 생각을 한다. 물론 지금은 영어가 가장 큰 수입원이긴 하지만, 인구가 줄어든다면? 영어의 사용 빈도가 줄어든다면? 이라는 생각과 먹고 사는 고민 속에서 자격증에 대한 관심은 더욱 높아졌다. 당장 눈앞에 일어난 일도 아닌데 동동거리면서 준비를 했던 건 바로 가난이 나에게 준 큰 교훈이었다. 그 가난으로 인해서 계산기를 두드려가면서 공부를 해야 했다. 어느 쪽이 더 돈이 되는지를 따져야만 했다. 어느 사람들은 사업을 하면서 말도 안 되는 이상한 말을 한다. "보림아! 돈이 세상의 전부가 아니야!" 아니! 그 사람들은 가난을 몰라서 하는 말이다. 사실은 돈이 전부이다. 없으면 불편하다. 아껴 쓰면 된다고 하지만 고정 지출을 감당해야 하기 때문에 돈은 없으면, 불안한 존재가 된다.

코로나19로 학원 문을 두 달 닫고 있으면서 죽을 것 같은 경제적 압박에 시달렸다. 그 계기로 영어가 아닌 다른 곳에서 수익화를 실현시켰다. 만약, 준비가 안 되어 있었다면 과연 코로나19에 남들보다 많은 돈을 벌어들일 수가 있었을까? 새롭게 도전하여 공부하고 자격증을 취득하는 일은 미래를 위해 준비하는 큰 보따리 같다. 어린 시절 우리 집에 들이닥친 경제위기로 인해 생활비를 벌어야 했고 대학 4년 내내 등록금을 벌고 부모님의 빚을 갚아내야 했던 나는 생활력 강자가 되었다. 어린 나에게는 어쩌면 하나의 강박으로 다가왔던 그 일이 지금은 새로운 것을 배우고 도전하는 원동력이 되었다. 성공은 시련에 비례하는 것임을 몸소 체득했다.

02
관점을 바꾸면 돈이다

영어에 대해 남들과 다른 관점을 가진 나는 수업시간 영어 지문을 읽을 때 공감의 폭이 넓고 깊다. 작가가 글을 완성하기까지 하얀 바탕에 까만 글씨를 채워 넣으며 그 사람의 영혼을 담는다고 생각한다. 학생들한테 자주 하는 말이다. "지문을 읽을 때는 가슴으로 읽어라!"라고 가르친다. 작가는 글을 재미로 쓰지 않는다.

한 줄의 글은 생명이다. 옛말에 '말이 씨가 된다.'라는 말이 있다. 그러면 '글은 기록이 되어 평생 남는다.'라고 말하고 싶다. 학생들에게 해주고 싶은 말이다. "너희도 일생에 남길 만한 글을 꼭 써 보길 바란다. 작가가 한 줄의 문장을 쓰기 위해 여러 가지 지식과 경험을 함축해서 글에 담는다. 글이 세상에 나오기까지의 수고를 값지게 생각하고 공감하면서 지문을 읽기 바란다."라고 말이다.

영어 지문을 읽는다는 것은 엄청난 행운이다. 비록 발췌된 글이지만 비문학을 읽으면서, 작가의 논점을 정확하게 찾아내어 근거를 파악해 가면서 글을 읽는다. 마치 퍼즐 조각 맞추기를 하듯이 작가의 의도를 공감하고 의식을 가지고 글을 읽어야 한다는 것이다.

"멋있는 지문을 영어로 읽는 자신이 얼마나 행운아인가?"라고 사람들에게 말을 하고 싶다.

영어 공부를 하면, 남들이 보지 못하는 것을 한발 앞서 내다 볼 수 있다고 말을 해주고 싶다. 퍼스널 마케팅? SNS 마케팅? 해외 유튜브에 보면 잘 알 수 있다. 영어를 공부하면서 한발 앞서간다는 점이 얼마나 매력적인 일인가? 옛날 양반사회에서 한문을 모르면 양반이 아니라고 한 것처럼, 현대 사회는 영어를 모르면 뒤처질 수 있다.

"너는 영어를 잘하니까 그렇게 말할 수 있지?"라고 말할 것이다. "아니다." 나도 처음부터 영어를 잘하는 사람이 아니었다. 전공은 국문과이다. 국문과, 영어영문과. 영어 교육대학원을 다니면서 끊임없이 업그레이드를 한 결과다. 포기하지 않는 노력은 국문과 4년을 졸업하고 영문과로 학사 편입, 결혼 후 대학원 진학을 하게 했다.

직장을 다니면서도 리포트를 쓰며, 나이가 어린 친구들과 함께 학점 경쟁을 했다. 임신을 해서도 대학원을 다니며 석사과정을 마쳤다. 끊임없이 업그레이드를 했다. 그렇게 하지 않으면 굶어 죽는다고 생각하며 집중했다. 매일 유튜브를 보면서 예전에 좋아했던, 지금 나와 같은 98학번 세대라면 아는 New Kids On The Block를 들으면서 깨알 같은 영어 가사를 적어 내려갔다. 한 줄씩 번역하면서 반복해서 들었다. 그때 반복의 힘이 크다는 것을 느꼈다. 횟수가 더해질수록 예전에는 들리지 않았던 드럼, 베이스까지 들리기 시작했다. 가사의 진정한 의미도 다시 마음속으로 들어왔다.

영어를 한다는 건 자존감을 높여 주는 일이다. 남들이 듣지 못하는 것을 들을 수 있고, 남들이 표현 못 하는 것을 멋있게 표현할 수 있다. 외국에서 유학한 유학파들처럼 유창한 영어는 아니더라도 더듬거려도 외국인들과 소통이 되고, 나를 어필할 수 있는 모습이 스스로도 멋있게 느껴진다. 1년 열두 달 중 제일 좋아하는 달은 10월이다. 10월의 마지막 날은 할로윈 파티가 있는 날이다. '매년 할로윈 파티를 위해 무엇을 준비하지?' 하고 기획을 한다. 그 파티를 위해 1년을 기다린다고 할 정도로 나는 외국의 문화를 좋아했다. 외국인과 결혼을 해서 외국에서 살고 싶을 만큼 좋아했다.
그런데 이상하게도 외국인들은 내 얼굴을 한번 보고 또 만나도 기억을 잘 못했다. 나와 함께 유튜브를 하는 선배 언니의 남편 폴은 7년쯤 지나자 내가 김보림이라는 것을 알았다고 할 정도였으니. A 집단에서 놀았던 김보림과 B 집단에서 놀았던 김보림은 서로 다른 사람인 줄 알았다고 한다. 외국인과 결혼해서 24시간 영어를 쓰는 나라에 가서 살고 싶다는 생각은 미국 거지라도 되고 싶을 만큼 미국을 동경하며 영어공부에 열심을 다하는 계기가 되었다.

사람들이 나에게 "직업이 뭡니까?"라고 물어본다면, 나는 당당히 말할 수 있다. "영어 학원 원장입니다." 앞으로 늙어 생을 다할 때까지 하고 싶은 일도 바로 영어학원 원장이다. 영어학원 원장인 김보림은 바쁘다. 영어 원서를 보면서 글을 공감하며 작가의 의도를 파악하기 위해 여러 가지 생각들을 유추해 보아야 하고, 학생들이 이해를 하고 있는지 못하는지 아이들 눈동자를 뚫고 들어가 생각을 읽고 효과적으로 지식을 전달하는 교수법을 중요하게 생각하는 영어학원 원장이다. 학생들이 얼마나 이해를 하고 있는지를 살피며 20년 가까이 가르치는 일을 하면서 얻은 것은 눈치다. 가르치는 일을 하는 모든 사람들을 존경해야 하는 이유는 그 사람들이 말을 뱉기 위해서는 엄청난 시간과 노력을 준비해야 하기 때문이다. 고등학교 은사님께서 1시간의 영어 수업을 위해서 2시간을 공부하신다고 말하셨다. 정말 가르치는 사람들의 준비하는 시간은 값지다.

고3 수업을 할 초창기 강사 시절에는 고3 수업 1시간을 위해서 적어도 3시간 넘게 공부를 했다. 서울 유명 강사들의 수업을 듣기 위해서, 학원을 그만두고 6개월을 수강생으로 공부를 한 적도 있었다. 그렇게 준비한 시간 투자는 지금의 효과적인 영어 교수법을 만들어 고3 수업 준비 시간이 단축되었다. 수업을 할 때 학생들의 이해력을 위해서 적절한 예문과 설명이 들어가는 수업 기획을 하며 수업을 하나의 쇼라고 생각하고 나는 쇼를 진행하는 PD가 된다. 10평 남짓한 학원에서 13년 시간을 투자하면서 사실 세상과 단절하며 teaching을 했다. 세상과의 단절이 더 많은 세상을 볼 수 있는 tube가 된다는 것도 알게 되었다. 그것은 바로 온라인 세계다. 손에 잡히지 않는 온라인 세상을 통해서 많은 이들에게 지식을 전달하기 위해서 마케팅도 알려주고 내가 배운 그래픽 기술들도 나누고 공유해 주고 있다.

그래픽 기술은 탁월한 재능을 가진 이들에게는 엄청난 수혜가 될 수 있지만, 똥손인 나에게는 힘든 일이었다. 남들은 원래부터 내가 그래픽을 잘했다고 생각하지만 아니다. 이 또한 노력의 결과다. 물론 그래픽이 다 영어로 되어있어서 남들보다 쉽게 툴을 익힐 수 있었다. 하지만 엄청난 노력으로 자격증을 하나씩 취득했다. 바쁜 일정을 소화하면서 그래픽자격증을 취득하려고 노력했던 이유는 머릿속에 생각하는 것을 많은 사람들에게 가르쳐주고 나누기 위함이었다. 13년 동안의 시간 투자는 영어 학원 수업을 할 때 학생들의 이해도를 높일 수 있는 방법을 찾는 것이었다. 어떻게 하면 사람들에게 나의 교수법을 쉽게 전달할까에 대한 고민의 해결은 그래픽을 하게 되면서 해소되었다. 어느 순간부터 학생들에게서 재미있다는 말이 들려온다. 이해력을 높이기 위해 학생들의 눈높이에 맞춘 농담을 던지며 영어 문법을 설명하면서 반응을 살핀 결과이다.

또한, 그래픽과 영상을 열심히 배운 것에 대한 성과는 2021년 창원1인 크리에이터에서 빛을 발휘했다. 브랜드상을 수상하며 상금 200만 원의 주인공이 되었다.

이 책은 평범한 사람들이 자신의 경험과 지식으로 창업을 하고 기업가로 성공을 해나가는 과정을 이야기해보자는 기획의도가 있었다. 분명한 것은 나에게는 평범한 과거도 없고 지독한 진흙 속에서 살고자 발버둥 쳐왔기 때문에 경험들이 평범한 존재로 놔두지 않았다는 것을 말하고 싶다. 살아내려고 바삐 움직이면서 포기라는 것을 모르고 살았다. 내가 남들과 다르다고 말하는 건, 남들이 가지고 있지 않은 "징하다!"라는 것을 가지고 있다. 너무 일만 벌인다고 사람들은 말한다. 하지만 시작한 일 만큼은 집착해서 일한다. 내가 가지는 부분 부분마다 집착의 정도는 다르겠지만 나는 살고자 하는 억척스러움 그 집착으로 일을 해냈다.

이 글을 읽는 대부분의 독자들은 집착이 아니라 애정이라고 말하겠지만, 나는 먹고 살려는 집착이 남들과 달라서 평범하게 쉬고 있을 수 없었다. 내 삶의 무게는 무거웠지만, 그 어떠 한 것도 내려놓을 수가 없었던 것 같다. 우리 학원에서 함께 일하는 영어 선생님들 누군가는 가장일 것이고, 수업을 듣는 사람들 중 어떤 이들은 가정을 책임지는 가장일 것이다. 이 가장들이 배우고 수익을 내야 하기에 돈 되는 방법을 알려줘야 한다는 책임감으로 이렇게 또 무거운 짐을 가지게 되었다. 아니 책임감이 더해졌다. 그래서 나는 1초 1분을 허투루 쓸 수 없다. 관점을 바꾸면 돈이 되는 그것을 알기에 함께 나누고 공유할 때 희열을 느낀다.

남들은 나에게 말한다. "왜? 그렇게 일에 욕심을 내냐고, 혹시 남편과의 관계가 안 좋은지? 일상이 공허한지?"묻곤 한다. 영어학원, 마케팅학원, 업사이클링 학원, 온라인쇼핑몰, 정부 지원사업, 광고마케팅회사 총 6개를 운영하고 있다. 영어학원은 마케팅을 하지 않아도 잘 운영이 되었고, 마케팅학원은 시작도 하기 전에 국가 정책의 전환으로 불발되어 월세만 내고 있다. 업사이클링 학원은 지금 여러 곳에 지원사업을 제안한 상태이고, 온라인쇼핑몰은 초반에 빛을 발했지만 관리 부족으로 지금은 쉬고 있는 중이다.

광고마케팅회사는 1인 기업으로 안정권에 진입하려고 노력 중이다. 모든 것을 내 손안에 쥐고 진흙으로 예쁘게 빚은 단단한 항아리처럼 잘 만들고 싶었다. 내 몸이 손오공처럼 몇 개라도 만들고 싶은 심정인데, 몸이 하나이기에 어쩔 수 없이 포기하고 돈만 나가는 곳도 있다. 하지만 눈을 두고 애정을 가지는 곳은 다 수익화로 연결될 수 있도록 노력하고 있다. 모든 일의 시작에는 뭐든지 수렴과 확산이 중요하다. 아침에 일어나서 이불 옆에 있던 다이어리를 꺼내서 to do list를 쓴다. 자기 전에 다이어리 한번 보고 내일의 일정은 무엇이 있는지, 또 오늘의 한일과 못한 일을 따로 적어 정리하는 것을 잊지 않는다.

 나만의 공식을 말하자면, 먼저 해야 할 일들의 리스트를 열거하는 일이다. 일단 시간의 순서, 중요도를 따지지 않고 열거를 먼저 하는 것이다. 그다음 범주가 같은 것은 함께 분류한다. 범주가 같은 것이란, 마케팅 회사 일이면 마케팅 회사 일끼리, 영어학원 일이면 영어학원 일끼리 목록을 따로 적어 둔다. 동선이 겹치는 경로끼리 묶어두어 외부로 나갈 때 한꺼번에 처리를 한다. 몇 달 전 영어 지문을 읽으면서 정확하게 알게 된 것을 말하자면, 확산(divergent)과 수렴 (convergent)이다. di는 분류 나누기의 어원이며 con은 합치기의 어원이다. 영어 지문을 읽고 난 뒤, 내가 해왔던 할 일들 정리하는 방식들이 확산과 수렴의 연속이라는 것을 정확하게 알게 되었다. 매일 일기 쓰듯이 다이어리에 생각을 열거하여 확산적 사고를 하고, 주제가 같은 것을 묶어 나가는 수렴의 일을 계속하면, 정말 해야 할 일들이 눈앞에 순서대로 펼쳐진다. 수렴과 확산의 사고는 일과를 정리하고 생각을 정리할 때 가장 잘 쓰였는데, 특히 사업계획서를 쓸 때 많은 도움이 되었다.

 사업계획서가 무엇인지, 어떻게 써야 하는지도 몰랐을 때는 내 생각을 PPT 그래프에 예쁘게 넣는 것이 최고의 사업계획서라고 생각했다. 확산과 수렴의 사고방식을 알고 난 이후로는 사업계획서를 쓰는 것도 체계적으로 잘 쓸 수 있었다. 작년에 떨어진 사업계획서를 바탕으로 왜 떨어졌는지 분석을 먼저 했다. 과업지시서에 나타난 일들을 커다란 칠판에 나열하고, 내가 앞으로 해야 할 일들의 수익화 모델과 앞으로의 방향성을 과업지시서 칠판 옆에 쓰는 방식이다. 할 수 있는 것을 적어 둠으로 과업지시서의 요구사항들을 잘 파악하여 핵심적인 요소들만 적어 나가면 된다.

 2019년과 2020년에 SNS 마케팅 수업에 대해서 제안서를 냈다가 떨어졌다. 한번 떨어져 보고 나니 다른 팀은 어떤 전략을 가지고 나왔는지 분석하기 시작했고, 그 분석을 바탕으로 과업지시서가 원하는 게 뭔지를 정확하게 짚어 내는 통찰력을 갖게 되었다. 처음에는 앞만 보면서 갔던 것들이, 여러 번 실패를 맛보면서 사고가 확장하게 되었고, 남들 앞에서 발표할 때, PPT를 만들 때도, 사업계획서를 쓰는 순간까지도 늘 생각을 열거하는 작업을 먼저 하고 있다. 뭔가 일을 진행할 때는 예전에는 먼저 저지르고 무턱대고 덤볐지만, 이제는 상대방의 니즈를 파악하고 충실히 하려고 노력하고 있다. 또한, 과업지시서에서 요구하는 사항들을 정확히 파악하여 있는 그대로 사업계획서를 녹여내면서 계속 프레젠테이션 연습을 한다. 프레젠테이션 연습을 녹화해서 시선 처리나 동선, 제스처 등을 꼼꼼히 체크한다. 이렇듯 사업계획서를 쓸 때도, 아침에 일어나서 다이어리를 체크 할 때도 나는 확산과 수렴의 원칙을 적용한다. 그것을 적용하고 나니 전혀 바쁠 일도 없고, 놓치는 일도 없게 되었다.

또 다른 법칙 중 하나를 말하자면 제3의 법칙이다. 3이라는 숫자가 얼마나 매력적인가? 노래도 3분을 넘어가면 지겹고, 가위바위보도 삼세번이다. 고스톱도 3점부터 점수가 나며, 쓰리고를 외칠 때만 점수가 두 배가 된다. 나는 뭐든지 3이라는 것을 적용시킨다. 조금 더 열거해보면 영어의 모든 문법은 3으로 끝이 난다. "평서문, 긍정문, 부정문 / BE 동사, 조동사, 일반동사 / 1인칭, 2인칭, 3인칭 / 단순시제, 완료시제, 진행시제!" 이렇게 이야기를 하면 문장의 5형식은 5개인데? 라고 반문할 수 있겠지만 그것도 잘 따지고 들면 목적어의 유무, 보어의 유무를 따라서 총 문장은 3개의 형식이 되니 3이라는 수다.

3의 법칙이 더욱 무서운 이유는 지금 당장 음성 녹음기를 켜고 문장 한 줄을 읽어봐라. 그런 다음 3초를 앞뒤로 재생해 봐라. 말의 단위(chunk)는 3초이다. 이 3의 논리만 알면 인생은 아주 편한 것 같다. 일상도 마찬가지다. 하루를 굵직하게 오전, 오후, 저녁으로 나눈다. 오전에는 간단한 집안일, 오후에는 마케팅 회사일, 저녁에는 오로지 영어 학원에만 집중한다. 유튜브에 영상길이도 3분을 넘기지 않으려고 노력하며, 처음 내 영상을 클릭하는 사람의 마음도 3초 안에 사로잡으려고 인트로에 신경을 많이 쓴다.

위에서 말한 수렴과 확산을 할 때도 3의 법칙으로 확산도 3가지 정도의 가지를 뻗어 나간다. 그럼 정말 해야 할 to do list가 보인다. 3이라는 숫자에다가 강박관념을 더해서 활용해 보면서 인간의 심리에도 적용시켜 보려고 한다면 다음과 같다. 듣기 싫은 소리도 삼세번이다. 많은 사람들은 나와 같은 생각을 할 것이다. 남편과 아이들에게도 가급적이면 세 번 이상 같은 말을 안 하려고 노력하지 않은가?

04
긍정 확언은 나의 grit!

"선생님, 저 한국외대 가고 싶어요."

"니가? 너 성적 안 되잖아! 차비 아깝다 면접 보러 가지 마라!"

그해 그 친구는 한국 외대를 갔다. 많은 학생들을 지도하면서 R=VD이라는 것을 믿게 되었다.

"선생님, 저 의대 가고 싶어요."

"네가? 너 그렇게 공부 안 하면서, 의대 의대 노래 부르면 허언증 환자라고 부른다, 그러니 의대 간다고 말만 하지 말고 공부를 해라!"

그해 그 친구도 의대를 갔다.

긍정적인 에너지는 추진력을 주고, 그 추진력에 끈기를 더하면 grit이 된다. 많은 사람들이 grit이는 말을 잘 모르는데, grit이는 것은 끝

R=VD법칙이란 꿈꾸는 다락방이란 책에서 나온 공식으로 Realization Vivid Dream(생생하게 꿈꾸면 이루어진다)

까지 해내는 능력, 스태미나를 의미한다. 어느 예술가가 자신의 작품을 단 한 명도 봐 주지 않는데, 밤을 새워서 예술을 할까? 예술가든 모든 창작자든, 공부를 하는 누구든 어떤 행위를 한다는 것은, 결과가 잘될 것이라는 긍정성을 가지고 시작한다. 살아 있어서 나의 가치를 인정해 주면 좋겠지만 죽어서도 인정받기를 바라는 마음으로 삶을 좀 더 알차게 쓰려 한다.

이 글을 쓰기로 시작한 공저 작가들도 2020년 겨울, 코로나의 기승으로 오픈채팅방에서 운명적인 만남을 가지게 되었다. 공저하기로 한 작가님들 글을 쓰기 전에 앞으로의 비전들을 이야기하고, 그 비전과 이제까지의 성공 노하우를 이 책에 풀어쓰기로 했다. 2021년 여름에 책 출판을 위해 만났을 때는 서로 생각했었던 비전을 훨씬 더 뛰어넘어있었다. 우리 모두도 그렇듯이 2020년의 코로나 19의 두려움에 떨던 5명이 아니었다.

그렇다. 우리의 이야기는 선한 영향력을 나누며 지금도 성장하고 진행 중인 것이다. 도쿄 올림픽에서 이연경 선수는 해 보자! 해 보자! 해 보자! 라고 연거푸 외쳤다. 마감일을 못 지켜 잠수도 타봤고 공저 편집 진행을 맡은 김 작가님의 전화를 수신 거부해 보기도 했다. 하지만 우리의 목표는 하나! "해 보자! 해 보자! 할 수 있다!" 아니 "한다! 하고 만다!"였다.

그렇게 긍정적 추진력으로 우리는 한 줄 한 줄 이 책의 내용을 집필했다. 나는 늘 긍정적이다. 하지만 우리는 가끔 긍정적이라는 말과 관대하다는 말을 서로 구분하지 못하지 않나 하는 생각을 해 본다. 시험을 못 봤을 때 '그래 다음번에는 좀 더 박차를 가하자!' 라는 것은 긍정적인 태도이다. 하지만 주어진 양을 다 해내지 못했을 때 '내일 하면 되지, 말일까지 마감일이니 20일 남았네, 조금 게으름 피워도 되겠다.' 이것은 관대함이다. 자신에게 한없이 관대할수록 더 퇴보될 수밖에 없고, 마감이 다 되어서 부랴부랴 글을 쓰거나 기한을 맞추는 격이다.

매일 "긍정적 확언"의 중요함을 말하자면, '살을 뺄 수 있다'를 '뺀다!'로 '할 수 있다'를 '한다!'로, '성공할 수 있다'를 '성공한다!'라는 말로 계속 나 자신에게 최면을 건다. 나의 궁극적 목적이 무엇이냐 라고 물어보는 사람이 많은데, 목적은 없다. 끝은 없다는 말이다. 늘 수익화할 것이고, 늘 최선을 다할 것이다. 그런 나의 추진력은 긍정적 확언에서 나온다. 긍정적 확언이 나에게는 스태미나이고, grit인 것이다.

"김보림의 1인 지식 창업"은 "긍정적 추진력"에 있다. 긍정적 확신이 있을 때 그 어떤 어려움이 쓰나미처럼 몰려와도 휩쓸리지 않고 묵묵히 그 자리를 굳건히 지켜나갈 수 있다. 지금도 헤쳐나가야 할 일들은 항상 있다. 앞으로도 해결할 일들이 많이 있지만, 추진력을 가지고 앞을 향해 나아가는 것이 바로 나의 grit인 것이다. grit은 포기할 순간이 되었을 때, 이를 악물고 다시 한번 더 앞으로 밀고 나가는 추진력이고, 그러한 추진력을 가지고 악으로 깡으로 앞만 보고 살았다.

  나에게 긍정의 확언을 심어줬던 The Secret의 법칙을 함께 공유했으면 한다. 돈 없어서 연애도 못 하던 시절, 나는 창문에 대고 손바닥을 아래로 펼쳤다. 그리곤 말했다.
"내 손은 자석이다."
"모든 좋은 기운들은 다 나에게 척척 달라붙을 것이다."
  그때 우리 집은 15층이었고, 베란다에 나가서 나의 손바닥을 아래로 하면서 주문을 외웠다. 이것이 나의 The Secret의 법칙이다.

  "나는 Goddess(여신)이다."
"내 손바닥은 자석이고, 내 발아래 있는 모든 학생들은 내 영어 학원을 다 다닐 것이다."

  나의 긍정 확언은 이루어졌고, 아파트 한 동에 있는 아이들이 모두 다 김보림 영어학원을 다녔다. 내 수업을 듣기 위해서 학생들이 줄을 서 있었고 1타 영어 학원 강사로 학원장이 되었다. 그렇게 열심히 기도하고, 우주에 에너지를 끌어당기고 긍정적 확언을 한 1년이 되어서야 어느 정도 부모님의 빚을 청산할 수도 있었는데 긍정 확언은 나의 grit이 되었다.

05
도전 성공! 싸주고 닷컴 창업 멘토링

　2019년 11월 가족여행을 제주도로 갔다. 제주도에서 재미있게 놀고 있는데 라디오에서 자꾸 우환 바이러스, 라는 말이 들렸고. 일정을 다 끝내고 나는 창원으로 남편은 직장이 있는 평택으로 갔다. 평택에서 제일 처음 코로나 19가 심화 되었고, 남편의 가게는 직격탄을 맞았다. 남편의 가게는 단체 손님을 받아서 운영하는 꽤 규모가 큰 식당이다. 단체 손님을 받을 수 없으니 식당은 문을 열어놔 봤자고, 남편은 숨 쉬듯 한숨을 쉬었다. 가끔 남편 핸드폰으로 게임을 할 때가 있는데, 핸드폰에는 대출문자와 이자 납입 연체까지, 이자는 얼마, 제3금융권에 여기저기 돈 빌린 문자, 시어머니에게 돈 빌려 달라는 문자뿐. 나에게는 아무 말도 없었는데 이 사람이 이렇게까지 힘들었구나 하는 사실에 두렵기까지 했다.

나보다 9살이나 많은 남편이 손님들 오실 때마다 머리 숙여 "어서 오세요." 하고 인사하는 것을 보는 것만으로도 마음이 찡하고 아렸는데, 풀이 죽어 있고 애들 잘 때, 몰래 흐느껴 우는 남편의 뒷모습을 보고 맥이 다 빠져버렸다. 신랑은 무서워했다. 코로나 19에 걸릴 것 같은 공포보다 굶어 죽겠다는 공포가 더 컸다. 도울 수 있는 건 최대한으로 도왔다. 하지만 아이디어는 곧 고갈되었다. 그런 남편에게 제안을 했다. 카카오톡 채널에 고객데이터를 많이 모아 두었으니, 그 데이터를 이용하여 손님들에게 배달과 포장을 해 보자는 제안이다. 이 제안은 매출을 점점 올라오게 하였다. 그것도 언제까지 버텨 줄지는 미지수였다. 남편 사업을 도와주려고 마케팅을 시작한 것은 나의 또 다른 경력의 밑거름이 되었다.

2020년에는 소상공인 위탁 강사로 활동하면서 많은 소공인들의 고충을 알게 되었고, 결국 그들의 문제는 사람들에 대한 노출이었다. 어떻게 하면 효과적인 노출을 할 수 있을까? 어떻게 하면 마케팅이 잘 될까?를 연구하며 공부하고 실험하고 있다. 아이들 아빠라서 잘되었으면 하는 바람도 있지만, 남편 가게를 마케팅으로 특화시켜서 내가 마케팅을 잘하고 있는지를 테스트하는 계기도 되었다. 남편 가게를 SNS 마케팅하면서 지금도 테스트 중이다. 조금씩 나아지고 있다. 코로나 19 이전처럼 잘나가는 가게는 아니지만 이제 숨을 고르고 조금씩 한 발 한 발 나아가는 것이 보인다.

두 아이 키우고 영어 학원 한다고 남편에 대해서 잊고 있었다. 남편은 최고의 음식 맛을 잘 내는 요리사라서 늘 바쁘다는 핑계로 외식을 자주 하지 않았지만, 남편은 다른 가게 음식도 먹어보고 벤치마킹도 해야 한다며, 주말이면 아이들을 데리고 여기저기 음식점을 다녔다. 돈 쓰러 다닌다고, 집에서 먹자고 타박을 할 때마다 고기도 먹어본 놈이 안다며, 매일 고기에 대한 연구만 했다. 그래서인지, 다른 집에 비해서 남편 가게의 고기 맛이 유독 맛있었다.

남편은 늘 연구와 개발을 했고, 매일 고기를 먹으면서도 테스팅을 하고 이리 굽고 저리 굽고 매일 고기 이야기만 했다. 숯불에 구운 걸 다시 에어 프라이기에 굽기도 하고, 진공 포장해서 물속에 며칠을 담가 두기도 하며 연구를 거듭했다. 남편은 고기 박사였다. 남편이 해준 요리를 먹을 때마다, "이거, xx한테 선물해 주고 싶다." 또는 "매일 매일 고기만 먹었으면 좋겠다고"라고 말하곤 했는데, 코로나를 계기로 자사몰 ssajugo.com을 만들었다. 첫 달에 매출 400만 원, 둘째 달 매출 500만 원.

자동화로 돈이 들어온다고 생각하고 너무 신나 했었는데, 이건 나의 계산 착오였다. 영어 학원을 하다 보니 리얼타임으로 고객 응대가 늦었다. 또한 명절 전에 물건을 판 것을 12개월 내내 잘 될 거라고 생각했던 것이 계산 착오였다. 지금은 ssajugo.com을 재정비하는 단계에 들어가 있다. 다시 정비하고 잘 갖춰서 다시 온라인으로 승부를 볼 자세와 각오를 무장하고 계속 공부하고 테스트하고 있다.

남편을 살리려고 SNS 플랫폼을 공부한 덕분에 1인 마케팅 회사를 설립할 수 있었고, 1인 기업으로 차린 광고마케팅 회사의 수입도 영어학원 못지않게 성과를 내고 있다. 남편에게 마케팅 적용한 것이 '다른 가게에도 잘 되고 있는가?' 확인해 보기 위해 갓 오픈한 식당 한 군데를 들렀다. 손님도 없고 내비게이션에도 안 나오는 가게였다. 그냥 길가에 있는 식당이었는데 그 식당에서 밥 먹고 나오면서 SNS 마케터 김보림 명함을 한 장 내밀고 왔다.

다음날, 전화 한 통이 왔다. 처음 하는 컨설팅이라 얼마를 받아야 할지도 모르고 어찌하는지 아무런 정보도 없이 갔었다. 30만 원이라고 말씀을 드리고는 그 식당에서 1주일을 상주하다시피 하면서 마케팅 세팅을 해주었다. 남편 가게는 편하게 했지만, 돈 받고 하는 건 실수하면 안 될 것 같아 정신을 차리고 했다. 네이버 검색하고 유튜브도 찾아보고 신경을 곤두세우고 세팅을 하였다. 3주 뒤, 그 가게 사장님으로부터 전화가 왔다. '전화를 받을까 말까?' 고민이 되는 순간, '30만 원에 컨설팅해주면서 영혼을 갈아 넣었을 정도로 제대로 신경 써서 세팅했는데, 왜 전화가 오는 거지? 내가 뭘 실수한 것이 있나?'
순간 오만가지 생각이 다 들었다.

아니나 다를까 가게로 오라는 전화였다.

'아 안 받을걸' 하고 가게로 갔더니... 사장님이 식사를 대접해 주시면서 봉투 하나를 건넸다. 봉투 안에는 200만 원이 들어있었다.

"보림 원장님 감사합니다. 코로난데 빠르게 자리를 잘 잡았어요."라고 말하며. 그 당시는 코로나로 영어 학원도 한 달 쉬고 수입이 없었던 터라 200만 원은 생명의 돈과 같았다. 카드값을 갚을 수 있었고, 아이들 밀린 태권도 학원비와 학습지비용도 해결할 수 있었다.

'누군가에게 큰 도움이 되었구나!'라고 생각하니 힘이 났다. 이 스토리는 영어 학원 김보림 원장을 마케터로 창업을 하게 만든 첫걸음이다. 그렇게 많은 일을 하진 않았다. 내비게이션 등록했고, 네이버 플레이스를 등록해 주면서, 네이버 영수증 리뷰를 알려 드렸고, 블로그 하는 친구들에게 블로그 리뷰를 부탁하고, 카카오톡 채널을 개설해 주고, 간단한 홍보영상 만들어주고, 그 외 플랫폼을 가르쳐 드렸다.

목록을 쭉 적다 보니 많은 일을 한 것 같기는 하다. '누군가가 나로 인해서 돈을 잘 벌게 되었다!'고 생각하니, 그냥 세상이 달라 보이기 시작했다. 앞으로도 더 많은 이들이 잘 되기를 바라본다. 그 마음 하나로 계속 공부하고 잘못된 건 수정하고, 열심히 도약하려고 힘쓴다.

06
사업 도전의 실패는 성공의 첫걸음

  마케팅 회사만 차려도 되는데, 소상공인 교육을 하고 싶었다. 그래서 마케팅학원을 차렸다. 마케팅학원을 차려서 컴퓨터나 핸드폰에 익숙하지 않은 소상공인들에게 마케팅 기술을 알려 주고 싶은 마음이었다. 남들에게는 어려운 것이 나에게는 쉬운 일이 될 수도 있다. 반대로 나에게 어려운 일들이 남들에게는 쉬울 수도 있다.

  나에게 쉬운 일은 컴퓨터이다. 영어 수업도 컴퓨터로 하다 보니 영타가 600타고, 한글 타자도 600타이다. 매일 매일 컴퓨터 앞에 앉아 있다 보니 남들보다는 일 처리가 빨랐다. 소상공인들보다 뭔가를 뚝딱뚝딱 잘 만드니 사장님들에게 플랫폼을 교육하고 싶었다. 학원을 얻으러 돌아다니는데, 학원 평수가 꽤 넓은데 월세까지 저렴했다. 45 제곱미터만 되면 실습학원을 차릴 수 있는데, 그곳은 학원 두 개를 차리고도 남을 공간이었다.

동네 제자들하고 간간이 술을 마시는데 제자가 한국산업인력관리공단에 계약직으로 일하다 계약 만료로 취업 준비를 하고 있던 중이었다. 이런저런 이야기를 하였는데, 그 수많은 대화중에서 그 친구의 한 문장이 계속 뇌리에 남았다.

"동포비자가 있는데요, 그 비자로 들어와서 국가 자격증을 따면, F4 비자(영주권)를 줘요."

늘 자격증 사냥을 하면서 자격증 따는 게 취미였던 나에게 제자의 한마디는 신선한 흥미 꺼리었다. 동포들은 한국어를 잘 모르니 필기시험이 없는 실기시험을 치겠지 라는 추측을 하면서 인터넷으로 조사를 해 보았다. 인터넷으로 서치를 하면서 알게 된 것은 건축 자격증만 따면 F4 비자가 나오는 것이다. 이거다 싶었다.

'코로나 시대에 해외에 못 나가는 동포들을 위해서 자격증 사업을 하자.'라고 생각을 하며, 건축 자격증을 땄다. 방수기능사, 도장기능사를 한 번에 땄다. 방수기능사는 유튜브를 보면서 계속 생각을 했다. 머릿속으로 상상을 하며, 재단을 암기하였고, 딱 한 번 연습하고 합격하였다. 나는 방수 자격증만 따고 건축학원을 덜렁 차렸다. 중국인을 섭외하려고, 인력시장에 전단지를 새벽마다 뿌리고 교수님을 섭외해서 수업 준비며, 책을 쓴다고 낑낑거리기도 했으며, 영상으로 자료를 남겨서 학원생들에게 보여줄 포부로 방수 다이를 만들어서 촬영도 했다. 얼마 지나지 않아 도장 학원을 다니면서 모든 꿈은 철저히 다 부서졌다.

기존 건축학원은 학원이면서 그곳이 바로 시험장이었던 것이다. 물론 도장시험도 부산산업인력 관리공단 자격증센터에서 시험 치는 기간도 있지만, 산업인력 관리공단에서 치는 시험의 합격률은 학원에서 치는 시험보다 낮았기 때문에 내가 차린 학원으로 오는 중국동포는 아무도 없었던 것이다. 기존의 시스템을 뚫을 수가 없었다. 도장은 색 조합이 중요한데, 색 조합을 한번 수업해주고 자격증 시험을 치는 학원의 파워를 이길 여력이 없었다. 색맹도 도장시험이 가능한 곳이 바로 건축학원이었다. 시험 치는 동안 강사님이 색을 직접 타서 주는 것이다. 책상 밑으로 색을 만들어주셨다. 강사님이 친절하시다고 생각할 수 있을 수도 있을 것이다. 하지만 나는 그 학원에서 배운 것 없이 도장 자격증만 따서 나왔다.

코로나 시대에 엄청난 포부를 가지고 차린 건축학원은 수강생 3명을 받고 막을 내렸다. 100%의 합격률임에도 나에게 찾아오는 학생은 아무도 없었다. 실패의 경험을 반성의 기회로 삼고 긍정적인 생각을 가지고 다시 한번 하면 된다는 마음으로 건축학원의 문을 닫았다. 건축학원이 빠지고 난 다음, 남아있는 공간을 무엇을 해야 할지 진지하게 고민하였다. 방수 다이는 한번 써보지도 못하고 폐 원목으로 넘겼다. 과연 저 폐

원목들은 어디로 가는지? 이런 생각들로 내가 지구를 깨끗하게 쓰지는 못할망정, 지구에 폐를 끼치는 것 같아 미안한 마음이 들었다.

원래부터 환경에 관심이 많아 NGO 환경단체 봉사활동을 가서 촬영과 편집을 담당하기도 하였다. 나는 환경에 관심을 가질 수밖에 없는 환경에 놓여있다. 입시 영어 지문은 환경, 교육, 심리, 최근에는 마케팅. 이런 소재들이 계속 수능에 나오다 보니, 자동적으로 환경에 대한 지문을 매일 읽게 되면서 어쩔 수 없이 환경에 대한 공부를 할 수밖에 없었다.

환경에 대한 관심을 가지고 일한 것을 바탕으로, 지금 내 눈앞에 보이는 플라스틱부터 폐현수막, 비닐, 모든 쓰레기가 될 만한 것들에 대한 리스트를 작성해보았다. 플라스틱의 영어의 어원은 불 가소성이다. 즉한번 압력이나 열에 의해서 변형이 일어나면 그 모습 그대로 유지해야한다는 것인데, 플라스틱을 재활용하는 방법은 다시 열이나 압력으로 변형을 줘야 하기 때문에 업사이클링이나 재 활용하는게 힘들다고 판단했다. 그래서 눈에 들어온 것이 폐현수막이다. 폐현수막을 알아보려고 현수막 촬영을 비가 오나 바람이 부나 계속하고 다녔다. 현수막은 일정 기간이 지나면 쓰레기로 시한부 인생을 살아가는 것이다.

현수막을 찍으려 돌아다니다 보니 현수막 밑에 화단에 이쁜 꽃들이 보였고, 현수막을 가지고 꽃을 디자인하였다. 레이저 커팅기로 이리저리 잘라보고 일러스트로 도안을 만들기도 하다가 지금 현수막 국화꽃, 또는 카네이션 키트가 만들어지게 된 것이다. 지금은 상용화가 많이 되지는 않았지만, 내가 만든 제품들이 아이들의 환경에 더욱더 관심을 가졌으면 좋겠다는 바람이다.

건축학원을 그만두고 남아있는 공간을 업사이클링 제품 만드는 공간으로 바꿨다. 국화꽃을 만들어서 창원 국화 축제 공모전에 제출해서 우수상을 수상했다. 어르신들 손 운동으로 인지 발달 활동에도 적용될 수 있도록 계속 키트를 만들고 사용설명서도 다듬어 나가고 있다. 천으로 할 수 있는 모든 사항들을 눈여겨보다 헤어 곱창도 만들게 되었고, 팔에 끼는 토시도 만들게 되었다.

제품을 만들어서 아직 수익화는 많이 못 했지만, 사전 조사에 응한 반응은 뜨거웠다. 그리고 할러윈데이를 맞춰서 폐현수막으로 할러윈데이 가랜드를 만들어서 "자연아 미안해!"라는 쇼핑몰을 오픈하여 예약 판매를 진행하였다. 그리고 버려지는 커피 찌꺼기를 활용하여 커피 점토를 만들었으며, 그 커피 점토를 활용하여 다양한 제품을 제조하고 있다. 사업과 성공은 도전을 해봐야 알 수 있고 실패는 성공의 어머니, 성공의 첫걸음이다. 올해는 기반 다지기에 들어가고 경험을 바탕으로 다시 한 번 더 도약을 하고 있다.

07

맛케터! 라이브커머스 쇼 호스트되다

　마케터도 아니고 맛케터 라고 말하는 것은 그만한 이유가 있다. 나는 잘 먹는다. 더불어 맛을 잘 표현한다. 먹을 때 특유의 소리를 내는 특기를 가지고 있다. 그런 모든 것들을 조합했을 때 먹는 방송을 하면 정말 잘 어울리는 직업이 될 수 있는데, 다이어트를 해야 한다는 부담감으로 먹방을 진행할 수가 없었다. 다이어트도 하지 않으면서 말이다.

　2020년도에 농가 단체에서 다량으로 마케팅 수업을 한다는 소식을 들었다. 창원 단감에 SNS 마케팅 수업제안서를 냈다. 업체가 두 군데뿐, 더군다나 창원지역에 우수선발권을 준다고 명시되어 있었기 때문에 당연히 소상공인 수업경험이 있던 내가 될 줄 알았다. 창원이라서 내가 되어야 한다는 근거 없는 자신감은 어디서 나왔을까? 여하튼 나의 자만

심은 추락으로 자존감마저 꺾이고 있었고, 상대방 팀이 어느 팀인가를 집요하게 알아냈다.

서울에서 잘나가는 학원이라는 것을 알았고, 2021년에는 SNS 수업을 농가에서 하는 것이 아니라 직접 농가들을 상대로 물건을 판매할 것 같은 느낌이 들었다. 실전으로 스마트 스토어도 운영해 보고 쿠팡에서 물건도 팔아 보았다. 중국에서 물건을 구매대행 소싱 해서 직접 물건을 온·오프라인에서 팔면서 샐러의 경험을 키워나갔다. 실제로 아쿠아 홀트 백이라는 물건을 중국에서 소싱 해 왔다. 그걸 여러 명의 샐러들을 모아 함께 물건을 팔아 보기도 하고, 직접 살을 빼는 동영상을 만들어서 유튜브에도 올려보기도 했다. 역부족이었다. 살은 3킬로가 빠졌고, 점점 지쳐갔고, 망신살 뻗치지나 않을까? 하는 두려움도 컸다. 신은 내 편이었다.

세계적인 야구선수 류현진이 워터 백을 들고 나와서 운동하는 모습이 미디어에 퍼졌고, 전국적으로 야구부에서 아쿠아 워터 백을 사 가는 게 아닌가. 샐러로서의 인생이 처음으로 대성공작이었다. 중국에서 많은 물건을 소싱 하진 않지만 완판을 시킨 것과, 그 속에서 아이템 위너를 배출했다는 것이 할 수 있다는 자신감으로 바뀌었다. 코로나로 사람들은 밖을 나오지 않았고, 자연스럽게 홈트가 유행할 거라는 나의 생각도 완전히 들어맞았다.

2021년 창원 농가가 SNS 샐러들을 모집하는 공고문을 보고, 협력업체와 제안서를 써서 합격하였다. 창원 농가에서 원하는 것은 라이브 커머스였는데, 아쿠아워홈터백을 팔아 보려고 기를 쓰면서 방송하고 유튜브 했던 경험들이 빛을 발하는 순간이기도 했다. 내 특유의 입담도 한몫을 한 것 같다. 중고등학생들하고 농담 따먹기를 하려면 아이들의 농담에 밀리지 않아야 한다. 아이들과의 농담은 시대의 흐름도 알아야 하며 야하지 않아야 하며, 폭력적이지도 않아야 한다. 그러면서 시대를 반영하며 말장난을 해 주는 그런 오묘한 레벨의 수준들이 있다.

　　내가 갈고 닦은 말장난도 실력이다. 아이들과 말을 했던 많은 시간들을 라이브 커머스 과정에서 녹여서 아이들과 편안하게 농담하듯이 고객들과 편안하게 응대하며 또한 업체 대표님들과 편안하게 방송을 진행 시켜나갔다. 처음에는 지지부진했지만, 시간이 지나면서 점점 매출이 올라가는 것이 보였다. 카드뉴스를 통한 이벤트도 하고 라이브 커머스에서 춤도 췄다. 고정적인 콘셉트를 잡기 위해서 일부러 한복과 어우동 모자를 써서 얼굴만 보이게 했다. 먹는 제품인 데다 먹방이 많아서 '살이 빠질 구조는 아니다.'라고 판단하고 빠른 콘셉트를 잡아 라이브 커머스를 진행했다. 밋밋한 다른 라이브방송보다 아줌마가 나와 특유의 입담과 재미있는 재치로 방송을 진행하니 사람들의 호응이 좋았다. 어우동 컨셉은 딱 이였다.

단감으로 만든 제품들은 일단 맛이 엄청 났다. 계속 먹고 맛을 이야기하고 살은 빠지기도 전에 방송 끝나면 집에 와서 또 단감 제품을 간식으로 하나씩 쏠랑 쏠랑 빼 먹다 보니 살이 빠질 일이 없었다. 처음에는 대표님들이 라이브 해서 고맙다며 물건을 엄청 선물해 주셨는데, 매일 먹다 보니 매일 달라 하기도 죄송스러워서 내 돈을 주고 사서 먹을 만큼 맛이 있었다.

"선물하실 거예요?"
"아뇨! 집에 놓고 먹을 건데요!"
"질리지도 않으세요?"
나는 대표님들이 더 이상했다. 질리다니 매일 아침 점심 저녁을 먹어도 그때그때 기분에 따라 식감이 달라지고, 맛있는데. 여하튼 매일 먹다 보니 살이 쪘고, 화면에는 얼굴이 점점 크게 나왔다. 한복 입으면서 큰 몸을 잘 가렸고, 어우동 모자라 얼굴은 모자 줄이 가려 줬기 때문에 얼굴만 예쁘게 잘 나왔다. 이렇게 빠르게 컨셉을 잡고 방송을 하면서 라이브 커머스에서 여기저기 콜이 오기를 바랐다.

대박이었다. 추석맞이 무슨 떡집에서 라이브가 들어오고, 어디서 들어오고, 어디서 들어오고. 그러나 문제는 단 한 건도 출연할 수가 없었다는 것. 영어 수업시간과 라이브방송 시간과 겹쳤기 때문이다. 라이브방송은 1회 성으로 얼마씩 받지만 영어 학원에 학생들은 인생을 걸고 가르쳐야 하기에, 영어강의 시간이랑 겹치면 무조건 영어 학원이 1순위다.

　코로나로 영어 학원이 10시까지 수업을 했을 때에는, 성인들을 상대로 그래픽수업과 마케팅 수업을 무료로 진행시켜 나갔다. 영어 수업이야 아이들 얼굴 보고 아이들 눈을 통해 아이들의 뇌까지 왔다 갔다 해야 했기 때문에 어느 정도 잘 이해하는지 알 수가 있었다. 하지만 온라인에서 진행되는 줌 수업은 카메라를 끄고 하시는 분들이 대부분이기에 수강생들의 마음까지도 헤아리면서 수업을 진행 시키기에는 무리가 있었다. 매주 수요일마다 운영하고 있는 오픈톡 방에서 줌으로 마케팅 수업 및 그래픽 수업을 하였다. 그 경험이 바탕이 되어서 온라인 라이브 커머스를 할 때 대중들이 어떻게 이해하는지 댓글만 봐도 그 기분을 느낄 수 있었다.

　조명이 켜지고, 스태프들이 큐 사인을 보낼 때마다, 물 만난 고기처럼 말이 술술 세어 나왔다. 맛있는 음식도 실컷 먹고 재미있기도 하고, 나를 알리기도 하는 지금이 나에게는 물 만난 세상이다. 사람들이 점점 나에게 물건을 팔아 달라고 찾아온다. 처음에는 돈이 된다 싶어 이 물건도 팔아 볼까, 저 물건도 팔아 볼까 많이 기웃거렸지만, 돈보다 내가 이 물건을 팔았을 때, 남들 입에서 바이럴이 얼마나 잘 될까를 계산하고 물건을 받는다.

만약 내가 소개해 줬는데 '제품이 하자가 있다', '대중적이지 않다'. '반품해 달라'. 이런 말들은 처리하기도 곤란하고 내 얼굴을 내놓고 제품 소개를 하는 것이기에 나의 신뢰성에 도움이 되지 않는다고 생각하면, 그냥 의뢰가 들어와도 커팅을 시킨다. 한번은 키위를 팔아 달라는 분도 계셨다. 키위를 먹었는데, 내 입에는 맛이 없었다. 나에게 맛이 없으면 다른 사람도 똑같다는 결론이다. "20개만 더 먹어보고 맛있으면 팔아볼게요!"라고 하고 20개를 돈 주고 사 오기도 했다. 그런데 키위가 너무 맛이 없었다. 이런 걸 팔았을 때 남들이 과연 나에게 뭐라고 할까 라는 생각으로 더 이상 진행시키지 않았다.

나는 이제 나를 잘 브랜딩하는 맛케터가 되었다. 유튜브 먹방 하시는 분들, 쇼호스트들이 어떻게 말하는지를 계속 분석하고 모니터링하면서 내가 방송했던 부분들을 비교하여 배우고 또, 성장의 발판을 삼는다. 나는 오늘도 배운다.

08
온라인 소상공인 컨설턴트 도전

    소상공인 컨설턴트에 지원하기를 여러 번 번번이 떨어지고 낙방했다. 조건에 대학원 석사 이상이라고 쓰여있어서 미루고 미루었던 대학원 석사도 통과했는데 계속 낙방을 하니 자존심이 많이 상했다. 남들은 내가 지금 활동하고 있는 모습이 한 번에 슥슥 된 것처럼 보이겠지만, 떨어지고 울고, 다시 도전하고 또 떨어지고 또 집요하게 도전하고 했던 이런 남모를 눈물들의 시간이 있었다.

    2021년 초봄 경상남도 홈페이지에 "온라인 소상공인 컨설턴트"라는 문구가 확 눈에 들어왔다. 그래 저거다 싶어서 온라인 컨설턴트 공고에 도전하였다. 아쿠아홈트백를 팔았던 것, 싸주고 닷컴 대표로 있는 것, 여러 가지 자료들을 정리해서 제출하였다. 처음으로 공공기관에서 하는 컨설턴트에 합격한 것이다. 얼마나 기뻤는지 단톡방마다 돌아다니면서 "컨설턴트 합격했어요."라고 방방 떠들고 다녔다. 합격발표가 된 건 1월. 그러나 컨설팅은 들어오지 않았다.

일단, 정부에서 만든 소상공인들의 신청지원에 대한 진입장벽이 너무 높았다. 제조업을 하면서 공장을 가지고 있는데 5인 미만인 곳 이여야 했다. 과연 공장까지 가지고 있는데 5인 미만인 업체가 어디 있을까? 8월 말이 되어서야 컨설팅이 들어오기 시작하더니 정부 일을 제외하고라도 여러 업체에서 온라인 컨설팅을 의뢰하는 곳이 많았다. 남편은 코로나 이후 아침마다 전화하여 "아침에 눈뜨는 게 무섭다!"라고 말했다. 그만큼 소상공인들이 힘든 걸 남편을 통해서 이미 알고 있었다. 한동안 진입장벽이 높아서 지원 못했던 여러 소상공인 업체들이 8월이 되어서도 매출이 나오지 않아 직원을 정리하면서 5인 미만이 되어 신청한 경우가 많았다는 이야기를 들었다.

여러 대표님들의 사연을 접하면서, 내가 정말 어떻게 하면 그들을 도와줄 수 있을까에 대해서 많은 고민을 하고 프로세스를 돌리고 대표님들의 고민을 듣다가 보니 공통되는 점은 하나였다. 그분들은 따뜻한 오프라인의 감성은 알고 있어도 온라인의 엄청난 확장성을 잘 인지 못하고 오프라인의 1:1 마케팅에만 주력했다는 점이다. 식당을 하는 사장님들은 대부분 왜 고객의 데이터가 중요한지를 모르고 있었다.

제일 먼저 "혹시 고객 명부나 예약 장부 있는지?" 물어보면 달력에 적어 놓고 지난 건 없다고 말하기 일쑤다. 데이터베이스가 가장 중요하다고 말씀드리면서, 고객의 데이터를 효과적으로 모집하는 방법이나 데이터를 활용한 마케팅을 주안점으로 설명을 한다. 인스타그램, 블로그, 또는 영상편집에 적합한 그래픽 앱과 영상편집 앱도 교육을 한다. 대표님들에게 "이제 저를 만났으니 걱정하지 마십시오."라고 큰소리 떵떵치면서도 뒤로는 혹시나 선무당이 사람 잡는 건 아닌지 라는 마음으로 집에 와서 다시 연구하고 예전에 했던 기록들을 찾아보기도 하면서 조심스럽게 온라인에 접목시킨다.

온라인이라는 곳은 확실히 A=B 다 라는 말보다, 무슨 '로직, 로직'이라고 말하면서 '카더라' 추측의 말이 난무하는 곳이기도 하다. 이런 온라인의 세상에서 정확하게 돌다리도 짚고 넘어가자는 심정으로 계속 공부하고 책을 읽으면서 잠을 쪼개가면서 시뮬레이션을 돌린다. 행여 '버튼 하나 눌러서 잘못되는 건 아닌지!' 미리 연습해보고 구연도 해 보고 업체에 들어간다. 혹시 내가 많이 부족해서 더 많이 도와드리고 싶은데 역량이 안 되는 건 아닌가? 라는 의문을 가지면서 질문하고 또 질문을 해 본다.

인스타그램에 숍을 넣고 싶어서 2019년부터 스토어팜과 연동시키려고 노력했었는데, 버튼 하나 잘못 눌러서 아직까지도 인스타그램에 숍을 넣지 못하고 있다. 자사 몰을 오픈하면 인스타그램에 넣을 수 있다고 해서 자사 몰도 오픈하였다. 그렇게 인스타에 매달리다가 인스타그램 설계하는 강사가 되었고, 페이스북 강의도 수차례 하였다. 이런 실수 실수가 모여서 나의 커리어가 되는 것은 내 사업일 때는 괜찮은 일이다. 다른 이의 사업을 컨설팅하면서 버벅거리는 일 없도록 돌다리도 두들겨보자는 심정으로 충분히 많이 연습하고 또 연습한 것으로 유튜브와 네이버 카페에 기록하면서 진정한 나만의 파이프라인을 형성하는 중이다.

오픈 톡 방을 하나 개설하면서 여러 곳 강의 제안을 받고 강의를 했다. 강의 주제도 커리큘럼 짜기도 힘들었다. 1년을 무료특강을 하다 보니 이리저리 수업이 겹치지 않게 준비하는 것이 가장 힘들었다. 무료특강에서 한 주라도 수업을 진행하지 않는다면, 어렵사리 유입된 톡방 회원들은 나를 외면하고 나갔다. 차가운 곳이기도 했지만, 그만큼 성숙할 수 있는 채찍질을 주기도 하는 공간이 오픈 톡방이다. 수업하던 내용 들을 카페에 정리했고, 무료특강을 할 때마다 올려주는 수업 후기로 카페를 키워나가는 중이다. 또, 무료특강에서 수업한 부분을 영상 편집해서 유튜브로 업로드하고 있고, 유튜브 업로드한 것은 다시 카페로 옮기면서 나만의 파이프라인을 만들어나가는 중이다.

주변에서 물어본다. "힘들지 않냐고?"
힘들다. "에잇! 즐기면서 일하시면서, 솔직히 소책자 만들고 타이핑 치는 거 재밌죠?"라고 물어보는 수강생들도 많다.

 어느 예술가가 자기의 작품을 알아주지 않는데, 쉼 없이 일을 하겠는가?

 2017년도부터 시작한 유튜브, 포기하고 싶기도 했다. 유튜브는 재미 위주로 보는 것이라 영어 수업하는 유튜브는 구독자가 잘 늘지 않는다. 그러던 중 양준일이 tv에 나왔고, 오랜 무명 끝에 브라운관에 나와 예전 영상을 틀고 다시 유행하는 것을 보고는 기록은 언젠가 돌아온다는 마음으로 이 악물고 작품을 만들어나가고 있다. 내가 한 일이 허튼짓이 되더라도 그 허튼짓을 위한 처절한 몸부림으로 나를 알리기에 주력하고 있다.

 예술가가 자신이 죽고 난 다음, 그 작품의 가치가 많이 올라 후손들이 잘 사는 구조가 되던, 아니면 늙어서 죽기 직전에 인정을 받든 간에, 나는 늘 매 순간을 최후의 발악으로 영상을 편집하고 "한땀 한땀, 조금씩 나의 영역을 넓혀 나가고 있다!"라고 말하고 싶다.

고등학교시절 여드름투성이에 살찌고 아무도 좋아해 주지 않는 아이였다. 대학 때는 생활비와 등록금 한 푼을 더 벌기 위해 공부하면서도 계속 아르바이트를 해야 했고, 남 밑에 일했을 때는 10원짜리 욕도 얻어 먹어봤고 화난다고 물건을 집어 던지는 것을 맞아보기까지도 했다.

연애하면서는 사귀던 남자친구가 바람을 피워 죽음까지도 생각하면서 살았다. 얼굴을 드러내고 세상을 나가는 것이 두려웠다. 13년 동안 김보림 영어 전문 대표로 있으면서 2평 남짓한 원장실에서 영어만 가르쳤다. 학생이 아닌 다른 사람들을 만날 때는 조심스러웠다.

'내 말투가 가르치는 말투인가? 상대방이 내가 말하는 것을 잘난체한다고 생각하지는 않을까? 그 사람들이 다시 연락 안 하는 것은 내가 뭘 잘못했기 때문인가?' 이런 생각을 달고 살았다. 나는 이제 그 어떤 질문에도 연연하지 않는다. 나를 알리는데 주력해야겠다고 다짐하며 많은 소상공인,대표님들을 만났다. 이분들에게 '내가 가진 스킬들을 알려드려야겠다!'라고 생각하고 그때부터 사람 만나는 것이 즐거웠다. 상대방이 상처 주는 말을 해도 그러려니 생각하고 소심하게 마음의 문을 닫지 않는 대범한 사람이 되었다.

사람들은 플랫폼에 익숙하지 않고, 온라인에 대한 환상을 가진 사람도 많다. 스마트 스토어에 제품을 올리면 다 잘 팔리고 억대 연봉을 앉아서 버는 것이라고 생각하는 사장님들부터, 카카오톡 가입도 안 되어있던 사장님들까지, 많은 사람들을 만나면서 그분들의 온라인 정도를 파악하고 작업은 시작된다.

그분들에게 말을 한다. 두려워하지 말고 과감히 업로드해라. 다시 내리면 된다. 어떤 사장님들은 일할 때 개인정보를 두려워하면서 다른 곳에서 이메일 왔다며, 내가 일을 잘못해서 그런 데서 이메일이 온 것 아니냐며 물어보는 대표들도 있다. 개인 인증 안 해서 계속 전화통화를 해야 하는 대표님들도 있고, 라이브 커머스를 함께 하는 대표님이 "나는 이런 것 처음 해 본다. 어색하다!"라고 말하는 대표에게 이렇게 말했다.

"우리의 목표는 알리기다. 우리는 우리의 제품을 알린다"가 우리의 END이고 GOAL이라고 말씀드리며, 마인드를 세팅한다. 머릿속에 있는 지식도 마케팅이고, 내가 이 세상에 태어나서 옷을 걸치고 있는 것도 마케팅이며, 머릿속에서 입으로 흘러나오는 말 한마디 한마디가 다 생명이고 마케팅이라고 말을 한다. 코로나 19가 우리의 발목을 잡은 이 시점에서도 아마 미래의 코로나 19가 끝나는 포스트 코로나 시점에서도 답은 한 가지다. '알리자'

내가 아니면, 나의 제품을 알리고 널리 퍼지게 하는 데이터 아바타. 내가 잠자고 있을 때도 24시간 데이터가 돌아가면서 돈을 벌어다 줄, 그 아바타를 잘 만들고 널리 마케팅을 잘하는 그것. 그 파이프라인을 빠르게 형성하고 그 파이프라인에서 수익을 창출하는 것, 끊임없이 나를 알리고 여기저기 문을 두드리며 나를 각인시키는 일, 이 일들이 바로 답이라는 결론을 얻었다. 마케팅이 답이다!

1인 창업 5인 5색 스토리

1인 창업 실행이 답이다 ————

The real business start-up

V

김채연

퍼스널브랜딩 책쓰기 스쿨을 통해 누군가의 꿈에 날개를 달아주는 일을 하고 있다. 5060세대들의 삶을 건강하고 아름답게라는 슬로건으로 5060라이프코칭연구소 지식 플랫폼을 운영한다. 북컨설팅, 건강아로마, SNS온라인 마케팅, 힐링여행을 소통하는 플랫폼이다. 작가, 시인, 아로마협회장, 보건학박사이며 저서로는 데일리에세이〈나날이 감사 나날이 행복〉, 건강전문서적〈내 몸을 살리는 아로마테라피〉등이 있다.

김채연

보건학박사
국제아로마심리상담코칭협회 회장
KCY아로마연구소 대표
5060라이프코칭연구소 지식플랫폼
퍼스널브랜딩 책쓰기스쿨

저서
〈나날이 감사 나날이 행복〉
〈내 몸을 살리는 아로마테라피〉

http://www.instagram.com/aroma0345
http://blog.naver.com/aroma0345
aroma0345@naver.com
https://open.kakao.com/o/gQJtwjRc / 비번5060

퍼스널브랜딩!
책 쓰기가 답이다
퍼스널브랜딩 책 쓰기스쿨 운영

01
나의 강점을 퍼스널브랜딩하라

○○은행 카드고객사업부 영업 관리팀장으로 교육, 면접, 채용의 업무를 긴 시간 했었다. ○○은행은 플래티늄 카드를 사용하고 있는 VIP 고객을 관리하는 '크레피니어'라는 경력직 직원을 수십 명 채용했었는데. 나 같은 경우는 교육업의 책임자 경력으로 채용이 되어 곧바로 팀장직을 맡았다. 그때 만난 띠 동갑 4명은 지금까지 인연을 이어오는 평생친구가 되어있다.

IMF 때 ○○은행 카드사가 부도가 나면서 구조조정으로 많은 자리가 바뀌었다. VIP 고객팀은 바로 해체가 되었고, 나는 새로운 조직의 영업 책임자로 발탁이 되었다. 일사천리로 직원들이 세팅이 되고, 업무도 바뀌었다. 카드영업을 하는 직원들을 교육하고 관리하는 업무로 마음도 힘들고 몸도 힘들었지만, 마음 맞는 팀원들 덕분에 억대 연봉을 받으며 재미있게 일했다. 팀 분위기가 좋아 가족들처럼 오래 근무하는 직원이 하나둘씩 늘어나는 재미도 쏠쏠했다.

몇 년 뒤, 신규 지점으로 본사에서 영업소 하나를 더 오픈하면서 책임 팀장으로 발령이 났고 지점이동을 하게 되었다. 지점 간의 거리가 있다 보니 함께한 직원이라고는 달랑 4명. 일요일도 쉬지 않고 면접을 하고 팀원을 세팅해 나갔다. 이렇게 일한 덕분에 본사에서는 입사 대비 실적이 좋은 팀장으로, 영업 관리 잘하는 팀장으로 인정을 받았다. 성공사례를 영상녹화하여 본사 사내교육 영상자료로 수차례 활용하기도 하였다. 시간이 흐르고 직원들은 4, 50명 이상 늘어나 팀 분할도 몇 번이나 했지만 책임자가 바뀌면서 그만둘 수밖에 없는 상황으로 그만 퇴사를 하였다.

이후 다이어트 제품을 판매하는 사업으로 빚만 잔뜩 지었다. 건강식품 유통으로 건강에 관심이 꽤 많아지던 그때, 친구 따라 강남 간다는 말처럼 대학원을 가면서 내 인생의 터닝 포인트가 시작되었다.

"우리 대학원 공부 같이 안 할래요?"라고 말하던 지인 덕분에 얼떨결에 대체의학 자연치유학과 대학원을 입학하면서 아로마테라피 강의에 입문했다. 첫 강의 때, 10명 수강생으로 천오백만 원 이상을 벌었다. 강의를 하면서 아로마테라피의 매력에 더욱 빠져들었고, 강의를 할 때 마다 신명 나게 즐겼다. 당시 대학원 시절의 비싼 등록금도 아로마테라피 강의 덕분에 해결할 수 있었다. 이후 아로마 강의를 하면서 나만의 전문 분야 서적을 준비해야겠다고 마음먹었다. 책의 콘셉트를 정하는 것이 쉽지 않아 생각정리를 위해 교보문고를 시간이 날 때마다 들르곤 했다.

차츰 아로마테라피 서적의 트렌드를 분석하고 다른 책들도 보게 되면서 시야가 넓혀졌다. 아로마 책의 대부분은 아로마 개론서적과 DIY 서적으로 나뉜다. '어떻게 하면 나만의 책을 출간하고, 브랜딩을 할 수 있을까?' 하고 몇 년을 고민했다. 이렇게 콘셉트 잡는 데만 3년의 시간이 흘렀다. 긴 시간이 들어가 집필과 편집을 거친 향기 전문서적은 〈한 방울의 기적-내 몸을 살리는 아로마테라피〉라는 제목으로 출간이 되었다.

강사 활동을 시작한 지 5년 정도 된 어느 날, 저자 강연으로 '21일 감사일지' 강의를 듣게 되었다. '나도 저렇게 성공하고 싶다'는 지극히 단순한 마음에서 출발한 감사 일기는 2천일이 넘게 지금까지 쓰고 있다. "인간에게 습관이 만들어지는 데 걸리는 시간이 21일, 또 21일을 3번 반복해서 습관이 길들여지는 시간이 63일, 63일이면 자기도 모르게 행동으로 이어진다."라는 내용을 바탕에 둔 감사일지 강의였다. 감사 일기를 쓰게 된 계기는 저자 강연으로 시작되었으나, 진짜 이유는 따로 있었다. 절대로 변화되지 않을 것만 같았던 내 삶에서 뭔가의 변화를 만들고 싶었기 때문이었다. 나를 변화시키고 싶었고, 살아내야 했기에 감사 일기를 썼다.

나에게는 무슨 열정이 그리 많은지. 원하고 바라는 꿈도 많았다. 매일 매일이 똑같고 특별할 것이 없었던 시절, 2016년 마음속에 간직한 꿈을 시각화하였다. 석사 졸업 후, 박사과정도 계속하고 싶었는데 당시 수입으로는 그런 일들은 그림의 떡이었다. 아로마 자연치유요법센터를 만들고 싶었고, 나와 마음 맞는 선생님들과 함께 아로마협회를 설립하고 세계를 향해 뻗어나가는 협회로 키우고 싶었다. 나는 이렇게 하고 싶은 것이 많은 여자였다. 2016년 1월, 작성한 나의 드림 트리에는 박사 되기, 책 쓰고 작가되기, 시인 등단하기, 향기 교육센터 만들기, 아로마협회 만들기, 한국직업능력개발원 자격증 기관 등록하기, 1주에 3회 이상 강의하기, 대기업 계약 강의하기, 자연치유요법센터(아로마클리닉) 만들기, 월수입 천만 원 만들기, TV 아침마당에 출연하기, 크루즈 여행 가기 등으로 목표와 계획은 해마다 업그레이드해 나갔다.

지금 생각해보니 내 인생은 어쩌면 감사 일기를 쓰고부터 변화가 시작된 것이나 다름이 없다. 불평과 불만도 많았던 내가, 삶을 바라보는 시각을 '감사'로 바라보기 시작했다. 계획세운 것의 대부분이 이루어졌다. 박사과정을 마치고 논문이 통과되어 보건학박사 학위를 받았다. 첫 번째, 두 번째 계약한 책도 〈한 방울의 기적-내 몸을 살리는 아로마테라피〉, 〈나날이 감사 나날이 행복〉이라는 제목으로 건강 전문서적과 자기계발 서적으로 출간이 되었다.

10년 전부터 써오던 시 쓰기로 시인 등단이 되었고 긴 세월 아로마테라피스트로 활동하면서 향기를 말하다 힐링 교육센터를 운영하며 기업체, 공공기관, 학교 등에서 힐링소통 강연을 하고 있다. 〈국제아로마심리상담코칭협회〉 법인을 설립하고 한국직업능력개발원 등록 통과가 되었다. 마음속으로 외침이 아닌 글로 쓰고 외치고 날마다 바라보다 보니 잠재의식 속의 세포 하나하나 각인된 듯, 그렇게 꿈꾸던 삶을 향해 걷고 있었다.

　무시로 내가 가장 잘하는 것이 무엇일까 하고 생각을 해 보았다. 하나는 사람들과 대화하며 소통하는 일이며, 또 하나는 강의였다. 내 이야기를 책으로 쓰고 강의하는 일, 책을 쓰고 온라인공간에서 홍보하는 일, 아로마테라피 강의와 건강한 몸과 마음을 만드는 일, 힐링 여행하며 맛집 투어하기, 이 네 가지는 내가 좋아하고 가장 잘하는 일들이다.

　이렇게 나 자신을 바라보며 퍼스널 브랜딩으로 5060세대의 삶을 건강하고 아름답게 만드는 〈5060라이프코칭 연구소〉 1인 지식플랫폼을 오픈했다. 책 쓰기로 '데일리에세이쓰기'과정과 '어쩌다 작가', '나도 작가' 과정의 1인 책 쓰기 과정을 진행하며 출간 프로듀서로도 활동하고 있다.

　이 책도 나 자신을 포함한 저자 5명의 꿈을 응원하는 출간 프로듀서의 결과물이다. 5060세대의 삶을 건강하고 아름답게 중심을 잡는 라이프코칭의 콘셉트로 나만의 강점을 브랜딩 하자라는 마음으로 북 컨설팅,

온라인마케팅, 건강 아로마, 힐링 여행의 테마를 가지고 비상을 시작하였다. 내가 가장 잘하는 일, 즐기며 좋아하는 일은 퍼스널 브랜딩으로 최고의 컨셉이 분명하다. 생각만 하고 꿈만 꾸지 말고 이제 나만의 강점으로 퍼스널 브랜딩 해보자!

02
내 몸값은 내가 정한다

　영화배우 '원빈'이 하는 말! "얼마면 돼?" 이 대사는 짤로 돌아다닐 정도로 화제의 명대사다. 리더십 학원에서 무료강사로 2년간 강의한 경험이 있다. 이후, 시간당 강사료 5만 원 강의부터 시작했다. 대부분의 강의 시장에서 관공서 강사료가 시간당 10만 원 예산으로 책정되어 메니지먼트사와 50% 쉐어를 하고 나면 강사에게는 그 나머지가 입금된다. 이런 강의도 강의를 할 수만 있다면 초보 강사들에게는 감사한 일이다. 유명한 '김미경 강사'도 초보강사 시절, 강의를 주는 곳이 있기만 해도 감사했을 것이다.

　공기업은 강사료가 그다지 높지는 않지만, 꾸준하게 강의만 있다면 꽤 수입은 괜찮다. 반면 기업체는 시간당 강사료가 좀 되는 편이다. 대기업의 강의료를 단정 짓기는 그렇지만 강의를 좀 한다 하는 강사는 대부분 80만 원에서 200만 원 선이다. 중소기업은 20~80만 원까지 다양하다.

SNS 플랫폼, 블로그와 강사은행으로 등록된 프로필을 통해 들어오는 강의만 하다가 메니지먼트사와 계약으로 몸값이 업그레이드가 되었다. 아로마 분야와 스트레스 해소, 힐링 소통강연과 인문학강연, 교육과 관련된 외부 강의를 다니다 보면 자신이 하는 분야의 저서가 있고 없고의 차이는 꽤 컸다. 아로마계의 전문가로 브랜딩하기 위해서 아로마테라피, 향기전문서적을 쓰려고 늘 생각하고 고뇌했다.

너무나도 간절히 책을 쓰고 싶었다. 그 당시, 책 쓰기 수업을 듣기만 하면 책 한 권을 쓸 수 있는 줄 알았다. 책 쓰기 수업을 수강만 하면 책을 쓰는 비법을 전수받거나 어떤 방법이 있는 줄로만 알고 있었다. ○○○ 대표는 책 쓰기 수업을 진행하기 전에 조찬모임에 나온 사람 중, 책 쓰기에 관심이 있다는 사람들 선착순 10명에게 책 쓰기의 간단 과정을 오픈하였다.

매주 각자 한 꼭지를 쓰고 돌아가며 읽고 피드백을 주는 형식이었는데 출판사 대표 1명과 1명의 편집장도 함께하여서 꽤 배울 수 있으리라 생각하고 열심히 참석하였다. 이후 한 명당 얼마의 비용을 내어 자비출판을 하겠다는 결정이 내려졌다. 10명에서 5명은 그만두었고, 5명 공

저로 책이 출간되었다. 나 같은 경우 그 돈이면 내 책을 쓰자라는 생각
이었다.

책 쓰기 열풍으로 대한민국의 책 쓰기 시장은 날이 갈수록 기름을 부
은 듯하다. 책 한 권을 쓰기에 뽕을 뽑는 대한민국 책 시장. 몇 주 과정
에 천 오백만원을 넘어서는 수강료를 받는 곳도 있다. 책 쓰기 수업을
수강하고 3개월, 6개월 만에 글쓰기 실력이 그다지 늘지 못한다. 베스
트셀러 작가 이지성, 김미경, 이기주 작가 그들도 처음부터 베스트셀러
작가는 아니었다는 것을 아는가.

글이라는 것은 날마다 독서와 글쓰기를 통해서 가랑비에 옷 젖듯이 눈
에 보이지 않게 하루하루 실력이 느는 꾸준한 연습의 산물임을 잊지 말
자. 한 권을 통으로 읽는 책 읽기도 도움이 되겠지만, 하루 한편이라도
짧은 칼럼을 꾸준히 읽는 습관은 눈에 띌 정도의 글쓰기 실력을 높이는
데 효과가 있다. 칼럼을 읽으면서 쭈욱 읽고 난 뒤, '나 같으면 이렇게
제목을 정하겠어!' 하는 제목 정하는 부분의 눈이 생기게 되고 '문장 글
의 첫마디는 어떻게 하겠어!', '마무리는 이렇게 하는 게 좋지 않을까?'
하는 등, 글을 읽고 쓰는 데 있어서 전체적인 흐름의 '글눈'이 생긴다.

날마다 글을 쓰는 사람을 작가라고 부른다. 짧은 글이 될지언정 하루 한
장이라도 읽고 글 쓰는 일을 쉬지 않아야 한다. 어떤 글이라도 결국 글을

써야 책이 된다. 한 권이 어렵지. 한 권 써본 사람은 한 권으로 그치지 않는다.

〈이렇게 살아도 됩니다〉 인생 에세이는 얼마 전 계약이 되었고 3년간 묵혀두었던 글이 내년이면 세상에 나올 준비를 하고 있다. 그 어떤 책보다 향기 전문분야 서적을 먼저 출간하고 싶었기에 거의 다 써놓은 가제 〈이렇게 살아도 됩니다〉 책을 덮었다. 향기 서적을 쓰려고 콘셉트 잡는 데만 3년이 걸렸고, 집필이 1년 걸렸다. A4용지 240페이지 분량이 너무 많아 분량 줄이는데 또 6개월이 걸리기도 한 책이다. 일러스트를 하나하나 다 그려야 하기에 시간도 정성도 꽤 들어가 편집 기간 또한 더 길었다.

향기 서적을 출판사에 투고한 날이다. 향기 서적을 계약하고 싶다는 출판사 대표에게 평소에 생각하던 감사 일기 서적의 콘셉트를 말했더니 완성되면 당신 출판사에 먼저 연락을 해달라고 한 것이 1주일에 두 권의 출간계약으로 이어졌다. 전화를 끊자마자 바로 평소에 생각했던 내용으로 뭐에 홀린 듯 글을 썼던 것 같다. 어스름한 저녁 8시에 시작해서 시계를 보니 새벽 4시를 가리켰다. 3시간 쪽잠을 자고 일어나 다시 한번 수정하고 메일을 보내고, 이후 30분 만에 계약하자는 콜을 받았다. 며칠 뒤 출간계약서에 싸인을 했다. 이로써 책을 다 완성하지 않고 컨셉만 잘 잡아도 계약이 된다는 것과 일주일에 두 권의 출간계약이 된다는 것을 경험했다.

퍼스널 브랜딩을 위한 책 쓰기, 책을 쓰고 작가가 되면 네이버에 작가로 인물등록을 할 수 있다. 책을 쓴 작가의 강의료는 기본 80만 원이 관례다. 청소를 하던, 육아를 하던, 사업을 하던 자신만의 분야를 퍼스널 브랜딩해서 책 쓰기로 자신을 브랜딩 한다는 것은 자신의 큰 명함이자 강력한 도구가 된다. 대한민국은 1인 1책 시대를 넘어 1인 2책 시대로 들어섰다. 따라서 책은 자신을 알릴 수 있는 가장 강력한 도구다. 책은 자신을 가장 현명하고 똑똑하게 광고할 수 있는 도구가 틀림없다. 내 몸값은 그 누구도 아닌 내가 만든다. 이제는 책이다.

03

"1만 시간의 법칙" 보다 빠른 "책의 법칙"

코로나 19로 세상은 뒤집혔다. 모든 강의는 취소가 되었고 통장 잔고가 0원이 되었다. 한두 달 정도면 그칠 줄 알았던 코로나 19는 갈수록 심해졌고 특히 소상공인, 특수 업종인 강사들에게 타격이 심각했다. 가게들은 영업정지 명령이 떨어졌고 강의 시장은 줄이 막혔다. 비대면 화상 강의가 활성화되어 전 세계인들이 손바닥 안으로 들어왔다. 핸드폰으로 노트북으로 줌 화상강의를 듣고 팬데믹으로 세상이 바뀜을 몸소 경험했다. 코로나 19의 향방이 어떻게 될지 정답을 아무도 모르지만 인류 모두 큰 경험을 한 것이다.

이제 웬만한 회의는 줌 화상회의로 한다. 코로나 19, 펜데믹이 종료되더라도 비대면 화상회의는 트렌드가 될 것이다. 비대면 화상회의의 장점은 오가는 시간과 비용을 줄일 수 있고, 그 시간에 다른 강의를 듣거나 효율적으로 시간을 활용할 수가 있다. 코로나 19를 겪는 시간은 우리 모두에게 너무나 많은 변화를 가져다주었다. 방구석에 방콕족들의 시름을 없애는 달고나 커피를 만들어 먹고 코로나 블루라는 신종어가 생겼고 우울증이 늘어나고 경제의 양극화 등으로 사회문제도 심각해지는 변화도 겪게 되었다.

말콤 글래드웰의 "1만 시간의 법칙"이라는 말은 1만 시간을 투자하면 전문가의 반열에 오른다는 말이다. 즉, 한 가지 일에 10년 이상 전력 질주하면 그 분야에서 전문가로 인정을 받게 된다는 것이다. 이는 "10년이면 강산도 변한다"라는 말과 일맥상통하다. 자신이 해오던 일의 전문성이나, 자신이 경험하고 느낀 일, 자신만이 이야기할 수 있는 그 무엇들, 이것으로 글을 쓰고 책을 내면 전문가로 인정받는다. 전문가가 되어야 책을 쓰는 것이 아니라 책을 쓰면 전문가로 인정받는다. 1만 시간의 법칙보다 '책의 법칙'이 통하는 세상이 되었다.

나이 60이든 70이든 컴맹이라도 책을 내면 작가가 되고 전문가로 불린다. 정년퇴직을 하고 남은 시간을 어떻게 살 것인가. 1년 365일을 취미생활만 할 수는 없다. 이미 준비했어야 한다. 또, 준비를 해야 한다. 하지만 준비를 못 했다 하더라도 조금 늦었을 뿐, 못할 일이 아니라는 것을 말해주고 싶다. 1인 지식창업으로 사무실이 없어도 괜찮다. 내가 있는 곳이 사무실이자 곧, 강의장이다.

 지금까지 살아온 이야기를, 자신 있는 분야를 말하듯이 글로 옮기는 일은 결코 어렵지 않다. 만약, 하루 종일 얘기하라고 하면 못하지 않는 것처럼, 나의 이야기를 말로 하던 것을 글로 옮기는 일은 우리가 생각하는 것보다 '그다지 어렵지 않다!'라는 것이다. 말은 하는데 글은 못 쓰니, 책을 못 쓴다는 것은 말이 안 된다.

 언젠가 〈아이를 위한 하루 한 줄 인문학〉 저자 김종원 작가의 카카오스토리에서 읽은 내용이다. 그가 처음 책을 쓴다고 할 때, 주위 친구들은 "네가 무슨 책을 쓰냐"라고 했다고 한다. 김종원 작가는 30권 이상의 책을 펴낸 다작의 작가다. 요즈음 "너니까 책을 쓰지"라고 친구들은 말한다고 한다. 처음 글을 쓸 때의 김종원 작가나, 30권을 쓴 김종원 작가는 같은 한 사람이다. 이 얼마나 어처구니없는 말인가. 이렇게 책은 누구나 쓸 수 있다.

 70, 80세도 책을 출간한다. 시바타도요 할머니도 93세에 시인이 되었다. "한 명의 어른이 소멸한다는 것은 도서관 하나가 사라지는 일과 같다"라고 했으며, 한 사람의 생은 장편소설과 같다고 말할 수 있다. 자신이 경험한 이야기, 나만의 스토리를 책으로 써서 자신을 알릴 때는 바로 지금이다. 지금은 바빠서, 나중에 공부를 조금 더한 다음에, 책을 좀 더 읽고 문장공부를 한 다음에... 등의 지금 책 쓰기를 못하는 이유가 천

가지도 넘을 것이다.

자신의 분야를 퍼스널 브랜딩으로 1인 지식창업을 준비한다면 '책이다'라고 말하고 싶다. "새는 알을 깨고 나오려고 몸부림친다. 알은 세계다. 태어나려는 자는 하나의 세계를 파괴해야만 한다." 〈데미안〉에서 나오는 말이다. 나 자신과의 싸움에서 깨고 나올 수 있을 때 비로소 세상과 진정한 소통을 한다는 말과 같다.

우리는 종종 인생의 멘토가 누구십니까? 라는 질문을 받을 때가 있다. '우리 모두는 어쩌면 인생의 멘토가 그 누구도 아닌 자기 자신이 아닐까?' 세상에서 가장 어렵고 힘든 벽은 살아보니 그 누구도 아닌 나 자신이었다. 인생 멘토! 가장 큰 스승은 그 누구도 아닌 바로 자기 자신이다. 나 자신의 벽을 깨부수고 알에서 나와 날아야 한다. 비상해야 내가 존재한다. '비상하기에 나는 너무 늙었어'라는 생각을 하는 사람이 있을 수도 있다. "나이는 숫자에 불과하다"라는 말을 내 나이 50이 넘어서야 깨닫는다. 내가 겪지 않으면 절대 모를 일이다.

공공기관 기업체의 대면 강의는 코로나19가 주춤되어 그나마 하나둘씩 들어오던 강의도 모두 취소가 되었다. 그나마 몇 군데 강의를 했던 것이 신기할 정도다. 그동안 출간계약 된 책들이 하나둘씩 편집이 되고 있을 즈음 먼저 데일리 에세이 〈나날이 감사 나날이 행복〉이 먼저 출간되었다. 나는 아로마요법 전문가로 향기를 통한 힐링 소통 강연가이다.

인문학, 건강, 힐링, 소통, 스트레스 해소, 행복 분야의 강의를 한다.

우연히 오픈 채팅방을 통해 온라인마케팅 강의를 듣게 되었다. 강의한 원장님은 학원의 월세 150만 원이 없어서 고생을 했지만 지금은 월세 걱정 안 하고 살고 있다며, 온라인마케팅을 알고 모르고의 차이를 말해 주었다.

"책을 4권 계약했는데, 책 쓰기 강의와 온라인마케팅강의도 함께 하세요. 뭘 못 하세요 작가님"
'자신을 PR 할 수 있는 모든 것을 다 알리고 팔 수 있어야 한다'라고 코칭 해주었다.

공부해야 한다. 깨어 나와야 한다. 이로써 어려운 시기에 끊임없이 배우고 도전하면서 뜻이 맞는 사람들과 인연이 되어 조금 더 쉽게 새로운 길을 갈 수 있는 마중물이 되었다.

04
콘셉트 잡기는 성공의 첫걸음

삼성 vs 애플은 아이디어 전쟁이다. 누가 누구를 모방했느니 몇 년에 걸친 이들의 소송은 늘 보는 일상이다. 이들 기업은 전 세계를 주무르고 흔들며 광고효과를 두둑이 챙기고 있다. 나이키는 신발 광고를 하지 않는다. 부산하면 국제영화제, 함평 하면 나비 축제가 떠오른다. 기업은 제품홍보도 홍보지만 이젠 이미지광고가 대세다.

'5060라이프코칭'으로 퍼스널브랜딩을 하기 위한 책 쓰기 북 컨설팅, SNS 소통, 건강 아로마, 힐링 여행, 이 네 가지의 카테고리를 지원하는 '5060세대의 삶을 아름답고 건강하게!'라는 슬로건으로 5060세대의 가려운 부분을 코칭 하는 것을 콘셉트로 잡았다.

콘셉트를 잡고 카테고리의 잘 버무려짐이 관건이다. 살면서 독서라고는 논문을 쓰기 위해 수많은 논문을 리딩 한 것과 아로마 서적이 대부분이었다. 가끔 지인 작가들의 신간이 나오면 책을 사서 읽었고 이슈가 되는 책을 독서한 것으로 한 달 2권 정도가 고작이다. 대부분의 사람들은 한 분야에 전문가가 되어야 강의하는 줄로 생각하는데 나 또한 예외는 아니었다. 지금은 어떤가. '전문가로 가는 길에 있어 배워가면서 강의를 먼저 하는 것', '그것으로 전문가의 반열에 오를 수 있다'에 한 표다.

나 자신을 퍼스널 브랜딩하고, 전문가로 포지셔닝 하기 위한 책을 쓰고 싶어서 진정으로 고뇌했었다. 책 쓰기 강의시간에 나의 스토리, 나의 이야기를 담아서 강의를 한다. 내가 경험하고 터득하고 배운 것으로, 내 강의를 듣는 사람들은 적어도 내가 힘겹게 겪은 것만큼은 되풀이하지 않게 도와주고 싶다. 내 경험의 가치이다. 일은 저질러놓으니 해결이 되었다. 책 쓰기 강의를 한다고 공지부터 해 놓았다. 이후, 책 쓰기 강의를 하게 되었고 다른 일들도 하나씩 자리 잡아갔다.

10대는 대학을 가기 위한 공부와 친구에 대한 고민, 20대는 진로에 대한 고민, 30대는 취업과 결혼에 대한 고민, 40대는 일과 자녀와 가정의 고민이 있다면 50, 60대는 퇴직 후, 인생 2막에 대한 고민과 건강에 대한 고민이 압도적일 것이다. 사람은 자신이 경험한 만큼 보인다고 했다. 그래서 아이들이 한 창 클 나이 때, 많이 보여주고 경험하도록 하는 것이 너무나 중요하다.

지인 중에 항공사 잡지와 간행물을 만드는 출판업을 하는 분이 있다. 여행에 관한 일도 하는 그는 1년에 한 번은 최고급 코스의 비즈니스 석을 이용하여 스위트룸으로 최고 럭셔리한 여행을 준비하여 자신의 아이들에게 경험시켜준다고 한다. 이동하는 엘리베이터와 식사 장소 모든 동선과 들어가는 방향부터가 다르다고 한다. 이렇게 하는 이유는 아이들이 그런 경험을 했을 때, 비로소 돈은 왜 벌어야 하고, 왜 성공을 해야 하는지 말하지 않아도 경험으로 가르쳐줄 수 있기 때문이라고 했다.

사촌오빠는 여행 사업을 하고 있다. 오빠네 가족들은 1년에 몇 번 외국 여행을 하곤 한다. 막내 조카는 공부에 별 관심이 없는 아이지만 언젠가 여행을 마치고 돌아와서 영어 회화를 잘할 수 있게 원어민 강사가 하는 영어 회화를 배우고 싶다고 말했다. 여행에서 얻은 값진 경험이다. 10대나 20대도 여행이 중요하지만 5060세대에게는 더더욱 중요하다. 여행은 소소한 행복을 가져다준다. 그 여행 안에서 배울 점이 참 많다. 나이가 들면서 일상의 소소한 행복을 느끼는 오롯한 시간과 쉼을 더 자주 가져야 한다고 생각한다.

여행도 여행사를 거치면 질적 양적 차이가 많다. 나 같은 경우 콘셉트의 카테고리 하나가 여행이므로 직거래의 개념인 여행 동호회를 만들어 좋은 사람들과 공부하며 여행도 공유한다. 지구촌의 세상 모든 것이 손바닥 안에 들어와 있기에 누구나 직거래가 가능하다. 여행 또한 그렇다. 5060라이프코칭 플랫폼에 함께하는 사람들과 모여 정모, 힐링 여행을 하는 것이다. '5060라이프코칭 연구소' 플랫폼에서 자신을 성장시키며 가꾸고 즐김도 함께 나눌 수 있는 공간으로 자리매김되길 바란다.

5060세대는 여유있게 쉼을 하며 삶을 살아가는 것이 매우 중요하다. 30대는 허겁지겁 아이들 키운다고 참으로 바빴다. 40대에는 아이들 진로와 가정을 위해 또 바빴고 나 자신을 위한 삶을 사는 시간은 그다지 가져보지 못하고 앞만 보고 살았다.

40대, 그 시간이 영원할 줄 알고 착각 속에 살았던 것 같다. 이렇게 빠르게 나이가 들 줄 몰랐다고 할까. 눈 깜짝할 사이 어느새 눈떠보니 50이 넘어서고 있다. 40대에는 30대보다 40이 참 좋았다고 생각했다. 50이 되고 보니 40보다 좋은 점이 더 많다. 아이들, 가족들에게서 조금 더 자유롭고 나 자신에게서도 여유가 생겨서 그런지 지금이 좋다. 내 인생의 60! 내일이 기다려진다.

SG워너비 김진호의 〈엄마의 프로필 사진은 왜 꽃밭일까〉 노래를 들으면 눈물이 흐른다. 노래 가사는 더욱 서정적이다. 나는 길을 걷다가 길가에 핀 민들레도 아름다워 사진을 찍는다. 나이가 들어서인지 꽃 한 송이, 풀 한 포기 예사로워 보이지 않는다. 딸이 하는 말이다. '엄마, 꼭 엄마들은 꽃을 보면 사진을 찍더라! 엄마도 그러잖아, 저기 아줌마도 봐!' 나는 풀꽃을 좋아한다. 예쁜 꽃을 보면 그냥 지나갈 수가 없다.

김진호 가수의 엄마도 꽃 사진을 찍고, 나도 꽃 사진을 찍는 것은 똑같다. 나의 저서 중 〈나날이 감사 나날이 행복〉이라는 감사에세이는 날마다 쓴 하루 한 장 에세이와 직접 찍은 한 장의 사진, 명언 에세이로 편집되어 있다. 한 장의 에세이와 한 장의 사진 에세이를 감상할 수 있는 곱고 예쁜 책으로 세상에 나왔다. 사진도 인스타그램이나 페이스북 또는 블로그와 카페에 올리는 크기와 각도가 있다. 한 장의 사진도 소중한 자료로 쓰인다.

　5060세대에게는 일도 중요하지만 건강이 최고로 중요한 부분이다. 꼭 먹어야 할 음식과 가성비 높은 운동 그리고 아로마테라피가 함께하는 '건강 아로마'가 하나의 카테고리다. 나의 이미지는 건강하고 아름다움이다. 나이가 들고 갱년기가 오더라도 잘 이겨내고 건강하고 아름다운 삶의 아이콘으로 살아감이다. 하다 말다 하는 운동이 꾸준하게 이어져야 한다. 날마다 운동하고 소식하면서 영양 밸런스를 지키는 것도 중요하다.

　오래전부터 아로마 다이어트를 실행해서 책으로 출간하고자 하는 꿈을 꾸었다. 특별한 레시피로 만든 브랜딩 오일을 날마다 바르고 마시고 나만의 근력운동으로 누구나 따라 하기 쉽고 효과가 높은 시너지 프로그램 성과기반으로 체계적으로 만들어 나눌 것이다. 내가 경험한 것은 가능한 일이다. 아로마를 직접 사용해본 우리가족, 지인, 수강생, 고객들의 임상을 토대로 〈내몸을 살리는 아로마테라피〉가 먼저 출간되었다.

늦은 나이에 대학원에서 대체의학 자연치유 전공 석사를 마치고 보건학박사를 졸업했다. 코칭을 1년 정도 공부하면서 인생 설계와 미래설계, NLP 등 다양한 코칭을 공부하였다. 석사과정 중에 상담학을 함께 공부하면서 집단상담과 가족 상담과 부부 상담, NLP 대해 공부하는 감사한 시간도 있었다. 아로마테라피를 했기에 '향기를 통한 오감힐링' 주제로 여러 공기업과 기업체, 연수원 등에서 소통하고 있다. 몸 마음, 우리의 영혼을 힐링하는 아로마 강의는 한번 다녀오면 매년 러브콜을 받는다. 아로마테라피 강연으로 소통하는 일은 언제나 즐겁다.

SNS 소통도 매우 재미있고 흥미롭다. SNS에서도 예의가 있고 의리가 있고 따뜻한 인간의 본성을 느낄 수 있음을 느낀다. 나는 사람과 소통하는 것을 즐긴다. 우리는 소셜미디어의 소통이 없으면 안 되는 시대에 살고 있다. 눈을 뜨면 제일 먼저 하는 일이 핸드폰의 메일을 확인하고 카톡을 본다. 여기저기 단톡방의 글을 읽는 것으로 시작하여 밤에 써 놓은 블로그의 댓글을 달고 카페에 누가 글을 올린 것은 없나, 또 댓글을 다는 것이 일상이 되었다. 이렇게 SNS는 소통이다. 사람과 사람을 잇는 소통의 창. 이제는 자신의 전문성을 알릴 수 있어야 한다.

신문광고에 몇 천만 원씩 돈을 들여가면서 알릴 수 있다면 좋지만, 일반인이 그렇게 할 순 없지 않은가. 가랑비에 옷 젖는다는 속담이 있듯이 꾸준히 나를 어필해야 한다. SNS 소통은 예외가 없을 것이다. 모르면 배워야 한다. 틀리면 고치면 되고, 안 되면 되게 하면 된다. 늦었다고 할 때가 가장 빠를 때이다.

만약 SNS 마케팅, 소셜미디어가 아직이라면 지금부터 시작해서 인생 2막을 준비하는 시간을 가져야 한다. 나를 세상에 알리고 소통하고 또 수익화를 만들어서 나이가 들어도 용돈 주는 엄마, 아빠로 살 수 있다. 70년대 펜팔이 유행이었다면 지금, 지구 반대편의 해리가 지구 저 반대편에 있는 샐리를 만나는 일은 당연하다.

이렇게 내가 가지고 있는 커리어들을 융합해서 5060세대를 건강하고 아름답게 퍼스널 브랜딩 해 주는 라이프코칭의 콘셉트를 잡았다. '퍼스널 브랜딩 책 쓰기, 건강 아로마, 힐링 여행, SNS온라인마케팅' 이 네 가지의 카테고리를 지원하는 5060세대의 성장과 삶을 돕는 콘셉트는 아마도 죽을 때까지 내 수입원의 동력이 될 것이다.

05

디지털 노마드 VS 디지털 노가다

기차를 타려면 역으로 가야 한다. 자신이 가야 할 행선지를 보고 어느 방향의 플랫폼으로 가야 할지를 정한 다음 기차를 탄다. 페이스북, 구글, 애플, 에어비앤비, 우버 등 요즘 잘나가는 기업은 플랫폼 비지니스를 하고 있다. 이 들 기업들은 플랫폼 비지니스 사업모델로 상상외의 성공을 거뒀다. 4차 산업혁명의 출구라고도 부르는 플랫폼 비지니스는 생산자와 소비자 사이를 서로 연결하는 양방향 소통의 비즈니스다.

지금은 플랫폼 비즈니스가 답이다. 플랫폼이라는 것은 사람과 사람이 모이는 하나의 소통공간을 말한다. 대기업이 아니어도 인터넷 공간의 플랫폼은 누구나 쉽게 만들어 성장시킬 수 있다. 아직 시작하지 않았다고 해도 괜찮다. 지금부터 해도 늦지 않았기 때문이다. 준비하고 시작하자.

"열린 출구는 단 하나밖에 없다. 네 속으로 파고 들어가라." 에리히 케스트너의 말이다. 이제는 자신의 속을 파고 들어가 출구를 만들어 나의 경험을 전략적으로 잘 버무려서 퍼스널 브랜딩을 하고 그 전문성으로 수익화를 내야 할 때이다. 소셜미디어를 활용한 플랫폼 비지니스를 활용하라. 1인 지식창업의 콘텐츠로 나의 경험을 팔자.

요즘은 단톡방의 홍수 시대다. 어느 분야이든 벤치마킹하는 것은 매우 효과적인 방법이다. 내가 하고자 하는 콘텐츠가 있다면 그 콘텐츠에서 성공한 사람이 있을 것이다. 그 누군가를 따라 한다는 것은 시간 투자 대비 성공률이 굉장히 높다. 창조도 모방에서 나오는 법. 또한 시간과 비용도 절약해준다.

오래전 아로마 첫 강의 날을 잊을 수가 없다. 아로마 강의를 하는 교수님의 말을 스피커로 따라 읽듯이 읽은 것 같다. 쥐구멍이라도 들어가고 싶은 심정이었는데 부족한 나의 강의력을 PPT라는 막강한 도구가 초보 강사의 실력을 커버해주는데 한몫을 했기에 PPT가 얼마나 감사한지 모른다.

그때 수강한 학생들은 나에게 교수님이라고 불렀고 이름 있는 실력자처럼 대해 주었다. 교수님이 강의할 때 했었던 제스처와 설명을 스펀지처럼 흡입하고 내가 공부하면서 경험한 것을 녹여내어 교수님이 강의한 것을 그대로 따라 했었다. 부족하고 또 부족하겠지만 그대로 모방해도 실력은 는다는 것을 잊지 말자.

 오픈채팅방으로 대표적인 플랫폼비지니스의 성공으로 'ㅇㅇㅇ코치'를 손꼽을 수 있다. 오픈채팅방은 천오백 명을 설정할 수 있다. 방 하나의 인원이 꽉 차서 새로 방을 하나 더 만들었는데 새로 시작한 방도 천명을 넘어섰다. "혼자 가면 빨리 가고 함께하면 멀리 간다."라는 아프리카 속담이다. 같이하면 가치가 올라가고 서로 상생으로 시너지가 된다. 아로마오일도 한가지보다 두세 가지 이상의 오일을 섞어서 브랜딩을 할 때가 훨씬 시너지효과가 있다.

 협업을 통해서 얻는 이익이 훨씬 크고 빠른 수익화로 또 직결된다는 것을 알 수 있다. 이 또한 과열과 홍수인 오픈채팅방의 무리수도 있을 수 있다고 보지만, 천명의 고객층을 확보한 오픈채팅방이라면 강력한 플랫폼으로서의 역할을 단단히 할 수 있다. 그렇다면 콘셉트가 중복되더라도 나만의 승부수를 띄울 수 있는 전략이 매우 중요하다. 자신의 오픈채팅방과 색깔이 맞는 무료강의를 열어서 초대강사에게는 기회와 협업으로 오픈채팅방 회원에게는 좋은 정보를 공유할 수 있으므로 서로 상생할 수 있다.

반면, 가성비 대비 최단 시간의 광고 효율을 높이려면 채널 톡이 효과적이다. 채널 톡을 활용하려면 오픈채팅방에 강의 공지를 하면서 구글 폼에 강의 신청을 1차 적으로 받는다. 그리고 실명이 아닌 회원들이 많기에 개인정보를 구글 폼으로 받는다 해도 채널 톡의 유입을 한 번 더 권한다. 그렇게 되면 회원이 채널 톡으로 친구추가 함으로 자연스럽게 고객 DB를 얻을 수 있는 좋은 방법이다. 채널 톡은 작은 비용으로 1대 다수에게 짧은 시간에 정보전달이 가능하고 효율이 꽤 높다는 것이 장점이다. 1명에게 보내는 비용 15원 정도를 투자해서 나의 모든 홍보를 할 수가 있다. 학원이나 음식점 같은 경우 채널 톡을 하고 안 하고의 차이가 매출의 30% 이상의 차이가 난다는 것을 실감할 수 있다.

또한 블로그는 일방의 소통이라면 카페는 양방의 소통이라는 차이점이 있다. 블로그는 블로그만의 장점이 있고 카페는 카페만의 장점이 있는데, 블로그를 시작한 지 얼마 되지 않아도 서로 이웃을 천명, 만 명, 십만 명 이상 되는 수익화 블로그를 만들어 낼 수도 있다. 숙제는 꾸준히 날마다 시간 투자를 해야 한다는 것이다. 네이버가 무엇을 싫어하고 좋아하는지, 어떤 키워드로 글을 써야 하는지, 네이버 로직이 어떤지, 네이버 상위 노출 방법이 무엇인지 배우고 익혀야 한다. 나만의 전문성을 살려서 블로그와 잘 버무려서 브랜딩 블로그를 잘 활용한다면 수익화로 만들 수 있는 가장 효과적인 방법 중 하나이다.

블로그 글을 꾸준히 써서 발행함으로 인플루언서로도 활동할 수 있고, 브런치 작가로 또한 등극할 수도 있다. 자신만의 상품을 홍보하고 판매할 수도 있고 제품을 공구 해서 수익을 낼 수도 있다. 네이버 블로그로 글을 써서 수익을 얻는 방법으로 애드 포스트와 원고료가 있고 다음 블로그 티스토리는 애드센스 광고 수익을 낸다. 또 한 블로그도 대형블로그 같은 경우는 광고효과가 크기 때문에 건당 원고료로 받는 수익도 꽤 크다. 블로그를 미디어 플랫폼으로 활성화하려면 네이버가 좋아하는 형식의 글을 쓰거나 독자가 이 글을 읽고 도움이 되는 전략적으로 글쓰기, 구조적으로 글쓰기 하는 것을 추천한다.

반면, 카페 같은 경우 '잘 키운 카페, 건물주 안 부럽다'라고 말하고 싶다. 카페는 매우 손이 많이 가는 플랫폼이다. 손이 많이 가는 만큼 빠른 수익화와 큰 수익화를 얻게 해주는 효자 소셜미디어다. 아이 하나 키우듯이 알뜰살뜰 시간을 투자하고 어느 궤도에 오르면 카페광고 수익만 해도 일반인 월급쟁이 안 부러울 만큼의 수익이 매달 큰 카페를 가보면 현수막처럼 한의원, 식당, 학원, 병원 등 배너 광고를 볼 수 있다. 이것이 배너광고수익의 실체이다. 매달, 분기별, 1년, 계약을 조율해서 수익의 창출을 맛볼 수 있는 재미있는 수입이다.

또한, 카페 하면 맘 카페에 침투 마케팅으로 살짝 광고해서 수익을 크게 낼 수 있는 방법이 있다. 이는 전략적으로 실행하는 방법으로 수익화를 내는 방법이다. 실제로 카페 강의를 함께 공부한 분 중에 3개월 만에 배너광고 의뢰가 들어온 분이 있었다. 현재 작게는 1년 정도 잘 키운 카페에서 월 몇 십만 원부터 천만 원 이상의 수익을 실제로 만들기에 카페운영은 꼭 추천하고 싶은 분야이다. 이 카페를 잘 키우고 활성화하여 누구나 '온라인 건물주 되기' 프로젝트를 할 수 있어 시간 투자만 꾸준히 한다면 가장 강력한 SNS 도구가 된다.

자신의 브랜딩 블로그에 자신만의 콘텐츠와 키워드에 맞는 블로그로 서로 이웃 친구추가를 하고, 인스타그램에 나의 키워드에 맞는 팔로우와 팔로워를 하라. 카페의 대문을 단장하고 만들어 나의 경험을 팔 수 있는 상점의 제품들로 맞춰야 한다. 하나하나 배워가며 건물의 뼈대를 만들자. 그동안 공부했던 내용이나 알리고 싶었던 정보성 글과 나눌 이야기들을 카페 안의 가구를 채우듯 내 카페를 꾸미고 활성화시켜야 한다.

자신의 카페에 방문한 사람들에게 하나라도 도움이 되는 유용한 정보의 창이 되도록 만들어나가야 한다. 모르는 것은 공부해서 새로운 쇼셜미디어워크를 탄생시키자. 자신의 콘셉트에 맞게 브랜딩 블로그와 카페를 만들어 활성화하고 오픈채팅방과 채널 톡을 만들어 플랫폼 비지니스에 소통의 창을 하나씩 만들어 나가자.

디지털노마드가 되기 위해서는 디지털 노가다는 필수다. 일 년 정도는 한결같이 시간 투자를 해야 한다. 하루에 블로그 서로 이웃을 100개를 추가하고 답방 댓글을 꼼꼼히 달아줘야 블로그 찐 이웃이 생기는 것이고 인스타그램도 하루 100명에게 좋아요 10개를, 즉 '1000개의 좋아요'와 '댓글 100개'는 필수로 노가다를 해야 찐팬, 찐인친이 생기는 법이다. 이 일들을 최소 1년을 하라고 추천한다. 인생이 바뀔 것이다. 인생의 답은 다 똑같음을 느낀다. 처음이 어렵다. "세상에 쉬운 일은 없다!"라는 것이다.

06
내 생각의 1도가 인생을 바꾼다

    나는 글쓰기를 감사 일기로 배웠다. 날마다 펼쳐지는 내 삶을 기록하고 그날의 감사에 대한 글을 써나갔다. 먼저 날마다 밴드에 감사 일기를 쓰고 나면 블로그에 옮긴 후, 카카오스토리에 옮긴다. 30여 명이 함께 시작한 감사 일기는 밴드에 공유를 하여 '너와 나, 우리의 삶이 모두 비슷하구나!' 하고 공감하고 감명받는 일이 많았다. 감사 일기를 1년 정도 쓸 즈음 이런 생각을 하게 되었다.

    '지금 쓰고 있는 이 감사 일기, 내 방식으로 쓰는 것을 언젠가 알리자!' 하고 '나는 이렇게 써야지.'라는 마음을 먹었다. 그리고 소소한 일상의 감사 일기를 스토리텔링의 형식으로 나의 경험과 과거 지난날의 기억과 연결해서 감사함에 대해서, 미래에 일어났으면 좋을 이야기로 썼고 또한 에세이 형식으로 바꾸어갔다. 이것이 〈나날이 감사 나날이 행복〉 데일리 에세이로 출간이 되었다.

책 쓰기 과정으로는 공저 책 쓰기 '어쩌다 작가과정'과 1인 책 쓰기 '나도 작가과정'을 오픈했다. 또 데일리 에세이 출간기념 이벤트인 감사 일기 이천일 축하 기념으로 '데일리 에세이 쓰기 과정'을 열었다.

개인적으로 책 쓰기를 시작할 때, 가장 큰 문제가 글의 분량이다. 대부분의 단행본 책은 5챕터(5장)로 7꼭지(7개의 소제목)로 총 35꼭지 내외를 기준 한다. 아래한글 글자 크기는 10포인트, 자간(행 간격) 160%, 80장에서 100장이 우리가 접하는 단행본 한 권의 원고 분량이다. 대부분 하나의 꼭지, 즉 소제목의 글이 최소 2페이지 이상은 되어야 한다는 말이다.

글쓰기 초보인 예비 작가일 때에는 이 분량 채우기가 보통 쉬운 작업이 아니다. 나도 예외는 아니었다. 누구나 마음먹고 쓸 수 있게 분량 걱정 없도록 5명에서 7명 정도의 컬러가 맞는 분들의 공저 쓰기를 하는 것을 생각해보았다. 공저를 출간하고 나면, 진정 자신이 바라던 자신만의 퍼스널 브랜딩 책 쓰기는 쉽게 할 수 있다. 처음이 어렵다. 사람 살아가는 그 어떠한 일도 그렇겠지만 한번 해본 일은 쉬운 법이다.

누구나 책을 쓰고 싶다는 생각은 하고 있지만 실행으로 옮기기에 엄두를 내지 못하는 것 같다. '써야지!', 써야지!, '언젠가는 써야지!' 하고 생각만 하다 그치는 경우가 허다하다는 것을 내가 경험해봤기에 알고 있다. 나도 그랬으니까. 향기 전문서적이 출간되는 것에 6년이라는 시간이 걸렸으니. 먼저 경험한 내가 출간부터 계약까지 A부터 Z까지 손잡고 한발 한발 이끌어줄 수 있다. 일하는 데 있어서 마음먹은 일은 바로 실행에 옮기는 편이라 책 쓰기 출간 프로듀서도 할 수 있었던 것 같다.

"생각이 바뀌면 행동이 바뀌고, 행동이 바뀌면 습관이 바뀌고. 습관이 바뀌면 인격이 바뀌고, 인격이 바뀌면 운명이 바뀐다." 심리학자 '윌리엄 제임스'가 한 말이다. 그가 한 말대로 내 운명이 바뀌고 있었다. 나는 책 쓰기 강의를 하던 사람이 아니었고, 작가가 아니었다. 글쓰기를 잘 하는 사람도 아니었다는 말을 하고 싶다. 우연한 기회에 감사에 대한 강의를 듣다가 감사 일기를 쓰게 되었고 작가가 되었다.

이번 공저프로젝트를 통해 세 분의 대표들은 책을 쓰고 싶었지만 이런저런 일들로 미루었다가 이번 공저의 계기로 글을 쓰게 되었고 작가가 되었다. 우리는 모두가 만들어진다. 다작의 작가도, 최고 베스트셀러 작가도 걸음마 수준에서 지금의 그 자리까지 한 계단씩 밝고 올라가서 그다음 단계로 넘어가 성장 할 수 있는 것이다.

소위 책을 쓰고 준비하는 이들은 대부분 삶을 바쁘게 사는 사람이 많다. 공저 1기 작가들도 예외는 아니었다. 자신이 하고 있는 일을 하면서 글을 쓸 수 있는 시간을 확보하는 데 있어 쉽지 않았다. 매주 자신이 하는 일에, 외부강의에 또 특강에, 시간을 만들어 주지 않으면 안 될 정도로 바쁜 대표들이 모여 공저 책을 쓴 셈이다. 때문에 더더욱 소중한 책이 되었다. 우리는 우리 자신이 얼마나 빛나는 보석인지 자신만 잘 모르는 것 같다. 밖에서 제3자의 눈으로 볼 때는 우리는 눈이 부시게 반짝이는 다이아몬드 보석인데 정작 자신은 모른다. 아직도 덜 빛나는 것 같고 아직 때가 아닌 것만 같고, 아직 성공하지 않은 것으로 말이다. 그 누구보다 당차고 빛나는 ○○원장님도 '자신은 성공자가 아닌 것 같은데 책을 써도 되겠냐?'며 오히려 순진한 물음을 되물어온 적이 있다. 우리 모두는 보석이다.

교보문고에서 많은 책을 바라볼 때면 책을 쓴 사람들이 얼마나 커 보였는지 모른다. 대한민국 책 시장은 하루에도 200권의 책이 쏟아져 나온다. 한 달이면 6천 권, 1년이면 7만 2천 권이다. 놀랍지 않은가. 이 많은 책이 진열대에 펼쳐져 있고, 책을 쓰는 대단한 사람들이 세상에 이렇게 많다는 것에 또 놀랍지 않은가, 이들은 글쓰기를 실행에 옮겼고, 당신은 실행에 옮기지 못한 것일 뿐, 그리 놀랄 일도 아니다. 글을 쓰면 책이 되고, 글을 써야 책이 나온다.

향기 서적을 준비하다가 2권의 책이 동시에 계약이 되었다. 향기 서적 퇴고와 감사 일기 편집을 동시에 하면서 책 출간이 되었고 책 쓰기 강사, 북 컨설팅 출간 프로듀서가 되었다. 프로젝트를 만들어 홍보하기 전부터 이미 1기, 2기는 마감이 되었고, 내 생각의 1도가 인생을 바꾸고 운명을 바꾸고 있었다.

07
책 쓰기! 3대 장애물 없애기

    나이 50이면 "인생 책 한 권 정도는 써야지! 라고 생각하는 사람이 많다. 생각은 하고 있지만, 정작 책 쓰기를 망설이는 진짜 이유는 무엇일까? 왜, 사람들은 책 쓰기를 어렵다고 느낄까?

    먼저, 책 쓰기가 어려운 이유는 크게 두 가지다. 하나는 책을 쓸거리가 없다는 것으로 사업을 실패했다거나, 이혼을 했다거나, 몸이 크게 아팠다거나 등등의 자신의 삶 이야깃거리가 특별히 경험이 없다는 것이다. 또 하나는 책 쓸 거리는 있어도 글쓰기를 배운 적도 없고 대학도 국문학과를 안 나왔으며, 어린 시절 백일장 이런 것 근처도 못 가봤다는 거다. 이는 구체적으로 어떻게 어떤 식으로 책을 써야 할지를 모르겠다! 라는 것이다.

좀 더 세분화해서 말하자면, 먼저 '책 쓸 거리가 없다.'는 얘기는 '나는 너무너무 평범한 사람이라 특별한 소재도 없고, 이렇다 할 특별한 경험도 없는데, 이런 내가 과연 책을 쓸 수 있을까?' 하는 자신감 문제다. 그 다음으로 글 쓸 거리는 좀 있는 데, '그걸 어떤 식으로 써야 할지를 모르겠다.'라는 것인 방법의 문제다.

이 두 가지 문제 외, 또 하나가 꾸준함이 없는 습관의 문제다. 그래서 이 세 가지를 '책 쓰기의 3대 장애물'이라고 이름을 지어보았다. "자신감 부재, 방법 부재. 실행력 부재"라고.

'스스로 생각하기에 이렇다 할 경험도 없고, 그렇다고 쓸 글감도 없고, 도대체 무엇을 어떤 내용을 써야 할지를 모르겠다.'라는 이런 생각을 많이 한다면 걱정할 필요가 없다. 생각보다 평범한 소재로 책을 쓴 예는 무궁무진하니까. '김치찌개, 된장국, 나이 50세, 소소한 일상, 걷기 등등' 이렇게 흔한 키워드로도 충분히 책이 된다. 우리가 생각하는 것보다 훨씬 더 흔한 소재로, 엉뚱한 이야기로 책이 된 경우는 너무나 많이 있다는 사실이다.

지극히 평범한 사람도, 평범한 소재도 책이 될 수 있다. 왜냐하면 소재가 중요한 것이 아니라, 그 사람의 생각이 중요하기 때문이다. 그건 꼭 특별하지 않아도 된다. 나만의 생각, 나만의 관점이 담겨 있다면 좋은 책이 될 수 있다. 이런 식으로 책을 낸 사례는 얼마든지 볼 수 있다.

또한, 어려운 상황의 그럼에도 불구하고 삶을 살아온 분들이 글을 쓰고 책이 된 사례로는 〈마음 장애인은 아닙니다〉의 이진행 작가는 태어날 때부터 뇌성마비를 안고 살아오며, 뇌성마비를 앓고도 작가가 되었다. 〈책이 아팠던 내 마음을 고쳤어〉의 책을 쓴 이창윤 작가는 평범하게 학창시절을 보냈고 꿈 많던 20대에 조현병이 발병했다. 조현병은 마른하늘에 날벼락같이 번개를 맞는 것과 같다고 할 수 있는 불치병이다. 그는 받아들이기 힘들었던 삶을 글쓰기로 승화시켜 작가가 되었다.

평범한 소재로 책을 쓴 사람들을 말하자면 나야말로 정말 너무나 평범한 사람이다. 〈나날이 감사 나날이 행복〉의 저자로 6년 전, 아로마 전문서적 집필을 위해 교보문고를 시간이 될 때마다 들렀다. 간절했다. 3년 정도 되었을까? 마음에 쏙 드는 멘토가 되는 책 한 권을 발견하고 무릎을 쳤다.

허브차를 활용한 책이었는데, 이 책을 멘토 삼아 내 책을 써야겠다고 생각을 하고 구상하던 것을 목차로 정하고 책을 집필했다. 이후 마무리 탈고까지 1년이 지나 출판사에 출간기획서 메일을 보낸 후 출판계약 제안을 받았다. 그 첫 전화를 준 분이 지금의 데일리 에세이 〈나날이 감가 나날이 행복〉 책의 출판사 대표이다.

우리 모두는 작품이다. 한 사람에게는 그 사람 삶의 이야기가 몇 권의 책이 될 만큼, 아마도 장편소설 이상의 글감이 숨어 있다는 것을 아는가. 우리의 인생은 누구나 충분히 가치 있다. 당신의 인생이 가치가 있다면, 글도 가치가 있다. 그래서 누구나 책을 쓸 수 있다는 결론이다.

구체적인 책 쓰기 방법으로 왜, 무엇 때문에 책을 써야 하는지에 대한 생각은 중요한 화두이다. 그다음 주제 즉, 컨셉을 정한다. 이는 앞으로 내가 무엇을 하고 싶은지, 어떤 쪽으로 브랜딩 할지를 정하는 일과 같다. 이를테면 자신이 일하고 있는 전문분야, 돈이 되는 새로운 분야, 자신이 살아왔던 경험의 에세이를 쓴다거나. 자신만의 컨셉을 정하는 일이다. 책 쓰기의 전반적인 프로세스는 컨셉으로 내가 쓰고자 하는 책의 장르가 꿈과 희망인지, 동기부여인지, 자기계발인지, 에세이가 될지, 주제 즉, 컨셉을 정하는 것이다.

컨셉을 정했다면, 다음으로는 책 제목과 목차, 꼭지를 정하는 일이다. 집 지을 때를 비유하자면 뼈대 골조다. 여기까지 했다면 책 쓰기의 절반은 다 끝난 것으로 본다. 책 제목 같은 경우 자신이 쓰고자 하는 분야의 10년 전, 베스트셀러가 된 제목을 각색하면 좋다. 대부분 목차로는 책 한 권은 5장(챕터)으로 구성되며, 1장은 7~8 꼭지가 기본으로 35~40 꼭지이면 단행본 책 한 권이 된다.

글쓰기의 글의 내용은 주제에 맞게 에피소드 두세 개 정도를 넣어 글의 분량에 맞추어 쓰면 좋다. 이로써 책 한 권의 200~250페이지가 된다. 스토리의 구성도 서론, 본론, 결론 즉. 기승전결이 있어야 하는데, 글의 결론은 쉬운 양괄식을 추천한다. 스토리텔링, 자신의 이야기로 그 누구도 아닌 내 이야기를 쉽게 쓰자. 책 두께가 200페이지가 안되면 너무 가벼워 보이고 300페이지가 넘어가면 또 부담스럽다. 요즘 트렌드는 책이 얇아지는 추세로 책 한 권의 분량이 200~250페이지가 적당하다. 1꼭지에 2페이지 정도의 분량. 초보 작가인 경우 분량 채우는 것이 만만치 않다. 내가 그랬다.

분량이나 밀도 면에서나 인용을 하는 방법은 분량을 채우는데 도움이 된다. 인용은 있는 그대로 가지고 와서 출처 밝히고, 각색은 자신의 말로 풀어서 쓰도록 한다. 글은 마치 드라마 한 장면처럼 장면이 보이듯 오감이 느껴지도록 쓰는 습관을 들이자. 사실, 책을 쓰는 유일한 방법을 말하자면 '쓰는 것' '그냥 쓰면 된다.' 즉, 매일매일 글을 쓰는 것이다. 나 같은 경우 쉽게 날마다 글을 쓸 수 있는 비법은 다음과 같다. 두 가지 방법으로 글을 썼다. 감사 일기와 하루 한 장 에세이이다.

재미있는 드라마나 감명 깊은 영화를 보면 친구에게 얘기하거나 누군가에게 말한 적이 있을 것이다. 하물며 맛있는 음식을 먹는다 해도, 마음에 꼭 드는 물건을 하나 사더라도 말해주고 싶어서 입이 간질간질

하다. 자신의 일상은 굳이 포장하지 않아도 말할 수 있다. 그것을 글로 표현하고 쓰는 것이다. 이를 책으로 만드는 일은 그다지 어렵지 않다. 그 누구의 이야기도 아닌 내 이야기라 가능하다. 감사 일기를 년 몇째 쓰면서 늘 생각했다. '언젠가 감사 일기로 책을 써야지!' 하고. 나의 감사 일기의 패턴은 계속 바뀌었다. 그냥 감사합니다. 감사하다. 감사했다고 썼다가. 느낌을 붙이고 살을 붙여쓰기 시작했다. 직접 겪지 않아도 그날그날 주변에서 보고들은 이야기와 내가 직접 경험했던 이야기를, 또 과거를 소환해서 쓰기도 하고 이렇게 소소한 일상의 글로 감사 에세이를 썼다.

감사 일기, 데일리 에세이는 상상했던 그 생각이 현실이 되어 교보문고에서 만날 수 있는 책이 되었다. 당신도 한번 해보기를 바란다. 글은 하루아침에 일취월장이 되진 않기에 감사 일기 형태나 하루 한 장의 에세이로 쉽게 써보기를 추천한다. 혼자 힘들 때는 글쓰기 모임에 참석하여 함께 써도 좋다. 하루 한 장 감사 일기나 데일리 에세이는 생각보다 쓰기가 쉽고 자신과의 약속을 잘 지킬 수 있다. 이렇게 쉬워야 오래 쓸 수가 있기 때문이다.

혼자 하기보다는 여러 명이 함께해야 쉽고 재밌다. 왜냐하면 서로 힘이 되어 격려해주면서 또 배우게 되고 재미있기 때문에 쉽게 지치지 않는다. 생각이 같은 사람들끼리 모였기에 가능했다. 새벽 습관 코칭으로 데일리 에세이 과정에 함께 한 수강생들의 글을 모아 공저로 만들 수 있어서 감사하다. 이도 나눔이고, 공유이고 선한 영향력이다. 서로에게 나누어주고 보여주자.

데일리 에세이와 감사 일기는 비슷하다. 그날그날 길에서 마주친 사람들과 뉴스, 책에서 읽은 이야기, 나와 만난 사람이나 오늘 점심에 밥을 먹으며 했던 이야기 등의 소소한 일상을 글로 옮겨보는 것이다. 그 이야기를 소재 삼은 에피소드로 하루 한 장 에세이 즉, 데일리 에세이로 써보기를 추천한다.

나의 책〈나날이 감사 나날이 행복〉에 '혼자가 아닌 둘'이 바로 이런 소재다. 길을 지나다가 노부부가 폐지 박스를 줍고 있는 모습을 보았고, 그 이야기를 담아서 한 장의 에세이, 글의 한 꼭지가 되었다. 감사 일기가 아니어도 데일리 에세이로만 써도 무방하다. 이렇게 어렵지 않고 쉬워야 오래도록 쓸 수 있다.

마지막으로 실행력문제다. 이것은 내 글을 끝까지 책 쓰기를 할 수 있도록 완주하게 도와줄 수 있는 가장 강력한 힘을 지닌 도구다. 그럼, 어떻게 글을 써야 할까. 매일 글을 쓰는 것. 실행, 행동이 답이다. 위에 제시한 데일리 에세이나 감사 일기를 날마다 쓴다면 실행력 갑이 될 것이다. 지금 자신의 분야, 현재 하고 있는 일을 퍼스널 브랜딩하여 책으로 쓴다면 전문가의 길로 입문할 수 있다.

책 쓰기에 대한 관심이 있다고 한다면 지금부터 준비해 보기를 추천한다. 자신의 삶의 이야기를 아래 한글, 워드로 노트북에 쭈욱 써보자. 내 삶의 이야기를 글로 풀어놓다 보면 눈물이 그렇게 날 수가 없다. 글 치유다. 글을 쓰면서 실컷 울고 나면 치유가 일어난다. '산다는 게 뭔지, 너 여기까지 잘 버티고 왔구나' 하고 애잔함이 섞인 자신의 모습이 보인다. 자신의 투영된 삶의 글감들을 그냥 가지고만 있지 말고 정리를 한번해 보기를 권한다. 먼저 카페나 블로그에 올려서 써 볼 것을 추천한다. 이제 나 자신을 조금 알리면서 한 걸음 나아가는 것이다.

직업이 강사이거나, 조직의 책임자로 살았건 주부로 살았건 간에 그 분야에서는 전문가다. 책을 쓰고 작가가 되면 똑같은 강의를 하더라도 강의료가 달라진다. '내가 어떻게 글을 써?' '책 쓰기 아무나 해?' 하고 어렵다고 생각할 수 있다.

누구나 할 수 있다. 글쓰기, 책 쓰기, 아나운서들의 대본이나 백일장에 내놓는 글이 아니다. 3가지만 하면 된다. 첫째, 하루 한 장, 어떤 글이든지 글을 쓰자. 둘째, 그것을 블로그, 카카오스토리, 인스타그램, 네이버 카페 등의 자신의 플랫폼에 올린다.

셋째, 그 일을 딱 30일만 해볼 것을 권한다. 이렇게 하면 35꼭지, 즉,

한 권의 초고가 완성된다. 그래서 책 쓰기가 어렵지 않다는 결론이다. 누구나 쉽게 책 쓰기를 할 수 있다. 책 쓰기 자신감 부재, 책 쓰기 방법 부재, 책 쓰기 실행력 부재, 책 쓰기 3대 장애물을 싹 없앴다. 자! 이제 어떤가?

08
퍼스널브랜딩! 책 쓰기가 답이다

우리나라는 OECD 국가 중 가장 빠른 초고속 노령사회로 가는 나라로 백세시대를 야기한지도 오래다. 가수 '이애란'의 '백 세 인생' 노래 가사에서 말하듯이 "육십 세에 저세상에서 날 데리러 오거든 아직은 젊어서 못 간다고 전해라, 칠십 세에는 할 일이 아직 남아서, 팔십 세에는 아직은 쓸 만해서"라는 말은 늙지 않겠다. 알아서 건강하게 살겠다는 소망과 다짐이 들어있다. 영원히 내 삶의 빛나는 5060 청춘! 현역으로 살리라는 다부짐이 있다. 이제는 자신이 하고 있는 전문분야의 일을 평생 현역으로 즐기면서 일하고 사는 것이 가능해졌다.

백발이 성성한 사람이 대법원 법관들 앞에서 장장 몇 시간 강의를 한다. 〈백 년을 살아 보니〉 저자 김형석 교수는 "60이 돼야 철이 든다." 인생에서 가장 행복한 시기는 60부터라며 인생의 노른자로 표현하기도 했다. "배우는 것을 게을리하지 말고 나이가 들어도 성장하기 위해서는 꼭 일을 하고 책을 읽고 공부해야 한다." 라고 말했다.

죽을 때까지 배움에 소홀히 하지 않아야 열정적으로 살 수 있다. 건강만 허락한다면 우리 모두에게 가능한 일이다. 나이 50이면 여기저기 한군데씩은 아파오는 건강에 취약해지는 시기다. 건강이 필수다. 평생 현역으로 살려면 3가지는 꼭 있어야 하는데 첫째가 연골의 건강이다. 연골이 건강하지 않으면 걷지를 못한다. 걷지를 못하면 활동을 못 하고 일을 할 수가 없다. 적절한 운동으로 몸을 순환시키고 척추를 곧게 펴고 평소 걷는 보폭보다 조금 더 넓게 걷기만 해도 건강에 큰 도움이 된다. 소중한 나의 연골을 사수하여 평생 현역으로 살아가자.

두 번째가 일이다. 명퇴 조퇴를 하지 않고 정상적인 퇴직을 해도 나이 60이다. 요즘 세대, 건강하고 자기관리 철저한 60대는 청년과 같다. 60세 이후, 50년 40년을 어찌 일이 없이 살 수 있는가? 퍼스널 브랜딩을 통해 자신의 전문분야의 일을 꾸준히 하는 것이 최고의 포인트. 사람은 죽을 때까지 일이 있어야 한다는 것이며, 곧 소일거리가 있어야 한다는 것이다.

정기적으로 봉사를 하거나 나눔의 일도 할 수 있는 한, 해보자. 타인을 도와 나 자신의 건강에 도움이 되는 일이 얼마나 신선하고 가치 있는 일인가? 일은 돈도 중요 하지만 그것이 가치 중심일 때 훨씬 시너지가 크다.

　세 번째가 친구다. 인간은 사회적인 동물이다. 혼자서는 절대 살 수가 없다. 100세가 넘은 김형석 교수는 70세가 될 즈음, 30년 전 이미 그도 그럴 것이 많은 친구들이 저세상으로 갔다고 했다. 100세의 부모는 80세의 아들딸과 같이 늙어간다. 누구에게나 꼭 동창이 아니어도 친구라는 존재는 꼭 필요하다.

　가까이 배우자부터 자녀들, 주변 지인들, 직장동료까지 모두 친구가 될 수 있다. 80세의 자녀나 100세의 부모는 한 생을 살아오면서 가장 오래 자신과 함께 한 사람으로 누구보다도 서로를 잘 아는 사람으로 평생을 같이한 찐 친구 같은 존재다.

　긴 세월 아로마테라피스트로 활동하며 대학원에서 대체의학 자연치유 전공 석사와 보건학박사를 취득했다. 국제공인 아로마 전문가로 법인, 아로마협회를 만들고 힐링교육센터를 열어 학교, 공기업, 연수원, 기업체 등에 아로마테라피, 힐링과 소통, 건강, 인문학, 심리상담 코칭, 예술치료, 동기부여 소통 강의를 해왔다. 한 단계 성장의 시간을 거치며 5060세대의 건강하고 아름다운 삶으로 이어지는 라이프코칭을 콘셉트로 플랫폼의 문을 열었다.

먼저 책 쓰기를 말하자면, 5060라이프코칭으로 자신을 바라보는 글쓰기와 책 쓰기를 시작하여 자신이 현재 하고 있는 일이나, 자신 있는 전문분야에 대해서 수익을 창출하고 온라인마케팅을 할 수 있어야 한다. 간절히 원했다. 〈향기서적〉 퍼스널 브랜딩 책을 펴고 싶었다. 콘셉트를 못 잡고 애썼던 향기 서적은 〈한 방울의 기적−내 몸을 살리는 아로마테라피〉제목으로 출간이 되었다.

그 시간 속에 감사 일기로 데일리 에세이 139편 〈나날이 감사 나날이 행복〉이라는 책이 덤으로 만들어졌다. 긴 시간에 걸쳐 만들어지고 계약이 되는 책이 있는 반면, 상상한 것들을 실행에 옮겨 불과 7−8시간 동안 짧은 시간에 쓴 글이 글로도 책이 눈 깜짝할 사이에 계약이 되고 출간으로 이어지는 경험도 했다. 이로써 1주일에 두 권이 계약되는 믿기지 않는 일이 벌어지기도 했다. "비비디 바비디 부" 상상한 대로 생각한 대로 이루어진다! 이 시크릿을 먼저 경험했기에 북 컨설팅을 할 수 있다.

책을 쓴 이후 삶에 변화가 왔다. 부족한 책이지만 주변의 도움으로 책이 출간되자 얼마 안 되어 몇 주 동안 베스트를 찍었다. 책은 세상과 소통하는 하나의 창으로 나를 알릴 수 있는 절호의 찬스만들어 주기도 하며, 자신이 쓴 책은 자신의 일에 대한 수익화를 빠르게 돕는 쌍방 소통이 되는 미디어채널이 된다.

인세가 크지는 않지만 수입으로 이어졌고 외부 강의가 하나둘 연결이 되었다. 온라인마케팅 수익화를 공부했고 브랜딩블로그를 만들고 커뮤니티형 힐링 교육 카페를 개설했다. 그동안은 아로마힐링 강의만 연결이 되었다면 이제 블로그를 통해서 책 쓰기와 북 컨설팅으로 외부 강의로 연결되기 시작했다.

대한민국의 책 시장은 하루에도 200권 정도의 신간이 쏟아진다. 책을 쓰고 계약을 하고도 출간으로 이어지지 못하는 경우도 있다. 어렵사리 계약이 되어도 출판사를 잘 못 만나거나 계약이 잘못되어 고생을 할 수도 있다. 나는 적어도 대한민국 책 쓰기 시장의 현실을 조금 먼저 경험하였다. 지금은 책 쓰기 강의와 출간 프로듀서로도 활동하고 있다. 내가 경험한 내용을 토대로 누군가에게 꿈의 날개를 달아주며 타인의 성공을 돕고 가치 있는 삶으로 나의 삶의 방향이 수정되었다. 나이 50이 되면 이런 생각을 많이 하게 되는 것 같다.

'내가 잘 살아온 것이 맞나?'
'이렇게 사는 것이 잘 사는 것일까?'

잘 살건 못 살건 간에 누구나 주어진 시간은 동일하고 한번 주어진 삶이다. 내가 나 자신을 인정하고 감사하게 받아들일 줄 알면 되는 것이다. 자신이 겪어온 많은 경험, 나의 이야기는 누군가에게는 큰 도움이 될 수도 있다.

지금까지 삶의 경험과 지혜를 스토리로 만들어 책을 쓰는 것은 5060 세대의 인생 이모작을 준비하는 첫걸음이다. 앞으로 어떻게 살아야 할지 막막한 5060세대라면 그 누구의 이야기도 아닌 자신의 삶의 이야기로 퍼스널 브랜딩을 하자. 나의 스토리는 수익화로 재탄생이 될 것이다.

　책 쓰기로 또 다른 제2의 인생을 설계할 것을 적극 추천한다. 5060라이프코칭, 퍼스널브랜딩은 책 쓰기부터이다. 퍼스널 브랜딩, 책 쓰기가 답이다.

5인5색 창업스토리

1인창업 실행이 답이다

초판인쇄 : 2022년 5월 06일
초판발행 : 2022년 5월 09일

지 은 이 : 박서인, 김시연, 이승희, 김보림, 김채연
발 행 인 : 박 세 영
펴 낸 곳 : 도서출판 다담
편　　집 : 신 동 섭
기　　획 : 김 채 연
출판등록 : 제 2022-000003호
주　　소 : (우)34381
　　　　　　대전광역시 대덕구 한밭대로 1061 1층(오정동)
전　　화 : (042)486-2700(代)
팩　　스 : (042)486-2701
이 메 일 : manjobgood@hanmail.net

ISBN : 979-11-966654-8-7
정 가 : 16,000원